孔子聖蹟圖
공자
성적도
古版畵로 보는 공자의 일생

원전총서

공자성적도 孔子聖蹟圖 ─ 古版畵로 보는 공자의 일생

역주자 김기주 · 황지원 · 이기훈
펴낸이 오정혜
펴낸곳 예문서원

편집 명지연 · 배경완
인쇄 및 제책 상지사

초판 1쇄 2003년 8월 25일

주   소 서울시 동대문구 용두 2동 764-1 송현빌딩 302호
출판등록 1993. 1. 7. 제5-343호
전화번호 925-5914 · 929-2284 / 팩시밀리 929-2285
Homepage   http://www.yemoon.com
E-mail   yemoonsw@unitel.co.kr

ISBN 89-7646-172-X 03150

YEMOONSEOWON 764-1 Yongdu 2-Dong, Dongdaemun-Gu Seoul KOREA 130-824
Tel) 02-925-5914, 02-929-2284 Fax) 02-929-2285

값 10,000원

| 원전총서 |

공자 성적도

古판화로 보는 공자의 일생

김기주 · 황지원 · 이기훈 역주

예문서원

『공자성적도』는 공자의 탄생에서 사후에 이르기까지 공자와 관련된 중요한 사건들을 그림을 통해 표현함으로써 학자들뿐만 아니라 일반인들에게 유학의 근본 입장과 공자의 행적을 소개하고 있다. 이 하나하나의 그림을 살펴보면, 각각의 그림 속에는 한 위대한 성인의 행적과 야망, 좌절과 그에 따른 깊은 애환이 담겨 있다. 물론 여기 소개된 사건들은 대부분 이미 『사기』 「공자세가」나 『공자가어』에 기록되어 있는 것을 다시 편집한 것이므로 학술사의 관점에서 본다면 그다지 새로울 것이 없다. 하지만 이 책이 겨냥한 독자가 지식인들이 아니라 한자를 이해하기 어려운 일반인들이었다는 점은 결코 가볍게 지나칠 수 없는 것이다.

원래 유학은 지식인들의 전유물이었다. 따라서 한대漢代 이후 일반 서민의 정서에 엄청난 파장을 몰고 온 불교가 유입되면서 유학은 쇠락의 길로 떨어지고 말았다. 불교는 종교적 이념과 신앙을 표현하는 내용을 담은 벽화와 판각화를 양산함으로써 일반인들에게 급속하게 전파되었으며, 곧이어 도교 역시 이러한 방식을 수용함으로써 서민 문화의 중요한 축으로 자리잡게 되었다. 하지만 경학經學에 치우쳐 상대적으로 이런 노력이 부족했던 유학은 상부 계층의 통치 철학으로서 영향력을 행사했을 뿐 전체 사회를 이끌어 가는 주도적 사상 체계로서 기능하지는 못하였다. 일반인들의 정서와 괴리된 사상은 생명력을 잃어버릴 수밖에 없으므로 당시 유학의 쇠퇴는 필연적인 결과이기도 했다.

송대宋代 이후 새롭게 등장한 신유학은 여러 가지 현실적 요청과 경학에 치우친 한당漢唐 유학에 대한 반성으로 나타난 사상적 경향이었으며, 특히 주도적 국가 이념으로 자리잡은 후에는 이론 체계의 성숙과 함께 유교 사상의 대중적 전파라는 분명한 목적 의식을 지니게 되었다. 이러한 목적 의식의 산물로 나타난 대표적인 결과물이 바로 이 『공자성적도』였다. 그러므로 이후 『공자성적도』는 수정을 거듭하며 수십 종의 판본이 간행될 정도로 국가적인 주요 사업으로 정착되었고, 일반인들에게 유학의 기본 이념을 전파하는 중요한 수단이 되었다.

우리나라의 경우 유학을 기본 이념으로 수용한 조선 사회 역시 마찬가지였다. 조선 초기에 이미 유학의 이념을 전파하는 중요한 방법으로 판각본이 간행되었고, 특히 중기 이후에는 지방 향교나 문중의 사업으로 수많은 『공자성적도』가 퍼져나갔다. 그러나 현대에 이르러서는 학술적인 가치가 적다는 이유로 인해 전문 지식인들의 관심을 끌지 못하였고, 더 이상 유교적인 이념을 국가의 기본 이데올로기로 선택할 수 없는 상황에서 대중적인 전파 역시 불필요한 것이었기 때문에 『공자성적도』는 그 존재 자체가 희미해져버렸다. 이런 상황에서 유학의 중요한 전적으로서 『공자성적도』를 다시 되살려내는 것만으로도 나름대로 의미 있는 일이 아닐 수 없다. 또한 이 번역을 계기로 현재 남아 있는 여러 판본들을 한곳에 모아보고자 하였으나 몇몇 판본만을 확인하였을 뿐 현실적인 어려움으로 인해 더 이상 뜻을 이루지 못한 것이 못내 아쉬울 뿐이다.

이 번역은 1997년 산동우의출판사山東友誼出版社에서 발행한 공상림孔祥林 주편主編의 『공자성적도孔子聖迹圖』와 상해고적출판사上海古籍出版社에서 중국고대 판화총간으로 나온 정진탁鄭振鐸 편의 『성적도聖蹟圖』, 그리고 우리나라에서 간행된 『의홍향교지義興鄕校誌』 등을 참고하였다. 그리고 원래 104편의 그림이 뒤섞여 있는 것을 내용의 고증을 거쳐 시대순으로 다시 재편집하였다. 그림 상단에 있는 원문 중에는 판독하기 어려운 글자가 섞여 있는데, 이런 경우에는 다른 자료를 검색해서 찾아내기도 하고, 판본에 따라 원문 내용에 차이가 있으므로 문맥의 흐름을 파악하여 글자를 추정하여 번역하기도 하였다. 이 과정에서 혹시 있을지도 모르는 오역은 전적으로 번역자들의 잘못임을 밝히며, 많은 지적과 수정을 부탁드린다.

이 책이 번역되어 나오기까지 일일이 소개할 수 없을 만큼 많은 분들의 도움이 있었다. 그 중에서도 처음 이 책을 소개해주시고 번역의 필요성을 일깨워주신 계명대학교 홍원식 교수님께 특별한 감사의 말씀을 드린다. 그리고 어려운 상황 속에서도 기꺼이 이 책의 출간을 결정해주신 예문서원 오정혜 사장님과 부족한 원고를 하나하나 꼼꼼하게 살펴주느라 고생하신 편집부 여러분들께도 감사드린다.

독선재동양사상연구소에서
역자들이 함께 쓰다

차 례

『공자성적도』
해제

『공자성적도』는 공자의 생애와 사상, 그리고 구체적인 행적을 그림으로 표현하고 이를 엮은 책이다. 이 책은 기본적으로 편년체編年體의 방식으로 공자가 태어나기 직전부터 공자가 죽은 이후까지의 중요한 사건을 그림으로 표현하고 있다. 또한 그림과 함께 간결한 설명이 있어서 전체적인 이해를 돕는다.

『공자성적도』 판본에 대한 문제를 살펴본다면, 공자의 일생과 행적을 그림으로 그린 것이 구체적으로 언제부터 시작되었는지는 정확하게 알 수 없다. 아마도 그 기원은 매우 오래되었을 것으로 추측할 수 있을 뿐이다. 공자의 인물상이나 성인의 행적을 그린 그림은 이미 한대漢代에도 있었는데, 예를 들어 한대의 석각본石刻本에는 공자가 노자老子와 만난 일화를 그린 「공자견노자도孔子見老子圖」를 볼 수 있다. 송대 이후에는 공자와 관련된 여러 책들 속에 공자의 상像이 함께 실려 있다. 또 공자의 고향인 산동山東 곡부曲阜의 공자묘孔子廟에는 『공자성적도』의 석각본이 있는데, 이 석각본이 만들어진 시기는 그리 오래되지 않았다.

『공자성적도』의 제일 마지막 그림이 송나라 진종眞宗(재위 기간 996~1022)이 공자의 사당에 제례를 올리는 것이므로, 책으로 나온 판본은 최소한 송대宋代 이전으로 거슬러 올라갈 수 없다.『공자성적도』가운데 가장 빠른 판본으로 볼 수 있는 것은 원대元代 인종仁宗 시기 왕진붕王振鵬이 그린『공자성적도』이다. 하지만 여기에는 10폭 정도의 그림밖에 없다. 그러므로 실질적인 의미에서『공자성적도』라고 이름 붙일 수 있는 것은 명대明代 정통正統 9년인 1444년에 간행된 '정통본正統本'『공자성적도』이다. '정통본'은 편폭篇幅이 늘어났을 뿐만 아니라 현재까지 발견된 것으로는 최초의 목판본이다. 또한 '정통본'은 이후 재간된 『공자성적도』의 원본 역할을 담당하고 있다. 특히 명대의 홍치연간洪治年間(1488~1505) 이후 간행된『공자성적도』는 모두 대부분 '정통본'에 근거하고 있거나, '정통본'을 그대로 다시 재판한 것이다. 또한 '정통본' 이후 목판본과 금속판본 등 여러 판형이 나타나게 되었다.

그런데 명대 '만력연간萬曆年間'(1573~1619)에 이르면『공자성적도』의 종류가 100여 편으로 늘어난다. 이 당시 간행된 판본에 그려진 그림의 내용들 역시 '정통본'『공자성적도』와 크게 다르지 않지만 대신에 그림이나 내용들이 많이 추가되었다. 이는 당시 화가들이나 판각을 하는 인쇄공들이 창작한 것들로서, 옛날 판본에서는 볼 수 없는 그림이었다. 또 명대 숭정연간(1628~1644)에는 여유기呂維祺가『공자성적도』를 판각하여 책으로 펴냈는데, 이 역시 새로운 창작물에 속한다. 오늘날 우리가 보는『공자성적도』의 판본은 사실 초기 판본부터 후기 판본까지의 각 그림을 다시 모은 것이다. 그러므로『공자성적도』의 기본적인 토대는 '정통본'에 있고 여기에 이후 창작된 여러 그림들이 덧붙여진 것이다.

이『공자성적도』는 학술사적 측면이나 철학적인 측면에서는 그다지 중시되지 않았다. 학술사적으로 중시되지 못한 이유는 첫째,『공자성적도』의 내용들은 대부분『공자가어孔子家語』와『사기史記』의「공자세가孔子世家」의 일부분만을 따온 것이므로 공자의 행적이나 사상에 대해 학술사적 측면에서 더 밝힐 것이 없기 때문이다. 둘째,『공자성적도』에는 공자의 행적에 대한 신비한 측면이 강조되고 있다는 사실 때문이다. 공자의 탄생을 묘사한 것이나 저작을 완성한 후에 하늘로부터 상을 받았다는 것은 성인聖人으로 추앙되는 공자의 모습을 그리려는 것이었으나, 오히려 인간 공자를 이해하는 데는 방해가 된다. 셋째, 그림 속에서 묘사된 상황이 고대 사회의 생활 습속과는 부합하지 않아 사실성이 떨어지기 때문이다. 이는『공자성적도』를 그린 창작자들이 춘추 시대에 대한 기본 지식이 없었음을 보여준다. 예를 들어 송대宋代 이후 중국의 일상적인 생활은 의자를 사용한 입식立式 생활인데 반해, 춘추 시대에는 좌식坐式 생활을 하였는데『공자성적도』에서는 창작 당시의 생활 습속으로 공자의 모습을 표현하여 중국의 고대 상황과는 부합하지 않은 것이다.

『공자성적도』가 이러한 학술사적 단점을 지니고 있는 것은 이 책이 불교나 도교의 영향을 받아 만들어졌기 때문이다. 중국 판화의 역사는 오래되었으나 일반적으로 종교에서 판화가 시작되었다고 보는 것이 통설이다. 이것은 난해한 경전보다는 그림으로 일반인들에게 종교의 교리나 원리를 설명하는 것이 더욱 쉬웠기 때문임을 추측할 수 있다. 중국 판화의 시초는 불교에서 시작되었는데, 중국 최초의 판각화라고 할 수 있는 것은 돈황敦煌 석굴의 장경동藏經洞에서 나온 것이며, 이후『석가여래응화사적釋迦如來應化事蹟』·『석씨원류石氏源流』등의 판화본이 나온다. 또한 도교에서도『노자화호경老子化胡經』·『노자72제자도老子七十二弟子圖』등이 나오게 되었다.『공자성적도』역시 이러한 시대적 영향을 받아 만들어진 책이기 때문에 종교적 판화와 같은 신비한 색채가 다분히 포함되어 있는 것이다.

하지만『공자성적도』가 지니는 특별한 장점도 바로 여기에서 나온다. 즉 그림을 통하여 공자의 행적과 그 사상을 쉽게 이해할 수 있다는 것이다.『공자성적도』는 공자의 사상이나 행적을 편년체로 서술하고 있으므로 공자의 생애를 일목요연하게 그림으로 보면서 파악할 수 있다. 또한 먼저 그림에 대한 설명을 보고 다시 그림을 이해한다면 그것은 곧 인간 공자에 대한 깊은 이해로 이어질 수 있다. 그리고 『공자성적도』는 공자의 핵심 사상이나 중요 행적만을 뽑아낸 것이므로, 그의 행적과 사상의 발전을 연결하여 파악할 수도 있다.

미학적인 측면에서도 『공자성적도』는 진귀한 작품으로 평가될 수 있다. 『공자성적도』의 그림들은 아무런 색채 없이 단순한 선들로 구성되어 있다. 선들이 지닌 굵기의 변화가 거의 없음에도 불구하고 우리는 이 선을 통하여 화가의 필력筆力에 상당한 힘이 있음을 느낄 수 있다. 그림의 선을 살펴보면 끊기거나 가필한 흔적이 없이 그대로 죽 이어지고 있다. 이는 그림이 단순하게 한 번만에 뻗어 나간다는 인상을 준다. 물론 이는 화가들의 필력뿐만 아니라 인쇄공들의 조각법이 함께 어우러져 만들어낸 결과이다. 화가의 필력과 인쇄공들의 조각법이 합쳐져 시원스럽고 간결하면서도 힘이 넘치는 그림을 만들어낸 것이다.

또한 『공자성적도』는 인물에 대한 표현이 위주인데, 표현된 인물들을 하나하나 자세히 살펴보면 거의 무표정하다는 사실을 알 수 있다. 인물들은 대부분 눈초리가 위로 올라가고 입은 좁으며, 코 역시 단선으로 처리되어 있다. 그러나 그림에서 조금만 떨어져서 보면 각 인물들은 모두 나름대로 그 인물들이 지니는 기풍을 드러내고 있다. 인자함, 기뻐함, 노여워함, 경외함, 슬퍼함의 감정들을 무표정한 가운데서도 읽어낼 수 있는 것이다. 이는 당송唐宋대의 인물화 기풍을 이은 것이다. 동양 인물화의 특색 가운데 하나는 인물의 희노애락을 직접 표현하는 것이 아니라 은연중에 그림 속에 배이도록 하는 것이다. 특히 인물화는 단순히 인물을 그리는 것이 아니라 그 사람이 지닌 덕德을 표현하는 것이다. 그러므로 한 사람이 웃는 것을 그린다고 해서 그것이 직접 '기쁨'(喜)을 표현할 수 있는 것은 아니다. 이러한 예술적 감각이 『공자성적도』에도 그대로 나타나고 있다.

그리고 『공자성적도』 개개의 그림에는 구름이 많이 표현되고 있음을 볼 수 있다. 기와를 얹은 지붕 위나 어전御殿 뒤에 있는 병풍, 산과 들에도 구름이 표현되어 있다. 이러한 것은 『공자성적도』가 도교적 계열의 산수화 영향을 받은 것이라고 추측할 수 있게 한다. 이 구름은 바로 서기瑞氣이며, 공자의 신성성神聖性을 증대시켜주는 것이다. 이 외에도 나무와 돌, 그리고 물을 표현한 것들도 많은데, 이는 그림에서 단순한 소품의 역할을 하는 것이 아니라 공자의 기품과 사상을 나타내는 상징성을 띠고 있다. 또한 한 폭의 그림마다 인물이나 배경, 그리고 여러 소품들이 많이 들어가 있지만, 그럼에도 이들이 가지런히 화폭에 잘 정리되어 있어서 번잡하다는 느낌은 조금도 들지 않는다. 이러한 것은 동양화의 절제성과 여백미를 충분히 살린 것으로 볼 수 있다.

　『공자성적도』는 『공자가어』나 『공자세가』, 『예기』 등에 비하면 상당히 후대의 작품이다. 그러나 후대의 작품이기 때문에 공자의 행적과 사상에 대한 정화를 뽑아내어 우리에게 전할 수 있는 것이다. 아울러 단순한 공자 읽기와 역사 읽기의 차원을 넘어서서 미학적 견지에서도 유학이 지닌 문화의 양상과 기풍을 머리가 아닌 예술적 감흥으로 느끼게 할 수 있는 것이다.

『공자성적도』

1— 선성소상先聖小像

성인 공자의 모습

【원문】

先聖小像 .

성인 공자의 모습

1) 앞사람은 공자孔子이고, 뒷사람은 안회顔回이다. 육조六朝 시대 진晉의 고개
지顧愷之가 그린 그림으로, 공자의 모습을 가장 사실적으로 묘사한 것으로 전
해진다. 고개지는 자字가 장강長康 혹은 호두虎頭이고, 강소성江蘇省 무석無
錫에서 출생했다. 생몰 연대는 분명하지 않으며, 초상화와 옛 인물을 잘 그려
중국 회화사상 인물화의 최고봉으로 일컬어진다. 송宋나라의 육탐미陸探微,
양梁나라의 장승요張僧繇와 함께 육조 시대의 3대 화가로 불린다.

2) 안회顔回(기원전 521~기원전 481) : 공자의 제자. 자字는 연淵으로, 공자가 가
장 총애했던 제자이다. 춘추 말기 노나라 사람이며, 공자보다 30세 연하였으
나 공자보다 먼저 사망하였다. 학문과 덕이 특히 높아서, 공자도 그를 가리켜
학문을 좋아하는 사람이라고 칭송하였고, 또 가난한 생활을 이겨내고 도道를
즐긴 것으로 알려져 있다. 그의 부친인 안무요顔無繇(字는 路) 역시 공자의 제
자 중 한 사람이었다.

2 — 니산치도尼山致禱

니구산에서 기도하여 공자를 낳다

【원문】

周靈王之十九年, 實魯襄公之二十年, 是年聖母顏氏禱於魯尼丘山, 明年乃生孔子. 旣生首上圩頂象尼丘, 因名丘, 字仲尼.

주나라 영왕 19년, 노나라 양공 20년에 공자의 어머니인 안징재顔徵在는 니구산尼丘山에서 기도한 후 그 이듬해에 공자를 낳았다. 공자는 태어날 때부터 머리의 정수리 부분이 움푹 패인 것이 마치 니구산과 닮은 모습을 하고 있었다. 그래서 공자의 이름을 구丘라 하고 자字를 중니仲尼라 하였다.

【역주】

1) 이 고사는 『사기史記』 「공자세가孔子世家」에 나온다.

2) 공자의 탄생 연대에 대해서 대부분의 학자들은 『사기』의 기록대로 공자가 주周나라 영왕靈王 21년에 태어난 것으로 보고 있다. 이렇게 되면 공자의 어머니가 니구산에서 기도를 한 것은 영왕 20년의 일이고, 또한 양공 21년의 일이다. 뒷부분에 나오는 공자의 나이 역시 『사기』의 기록과 동일하므로 이 연도는 잘못 기록된 것이다.

3) 니구산尼丘山 : 산동성 곡부현 동남쪽에 있는 산. 뒤에 공자의 이름이 구丘이기 때문에 이름을 고쳐 '니산尼山'이라고 불려졌다.

4) 안징재顔徵在(?~기원전 485) : 공자의 모친. 안씨의 셋째 딸로 이름은 징재이다. 『공자가어孔子家語』 「본성해本姓解」의 기록에 의하면 공자의 부친인 숙량흘叔梁紇은 먼저 시씨施氏 집안에서 아내를 맞아 딸 아홉을 낳았고, 다시 첩을 얻어 아들 맹피孟皮를 낳았지만 그마저 다리를 쓰지 못하는 장애인이었다. 그래서 안씨顔氏의 세 딸 중 막내인 징재에게 구혼하여 혼인하였다고 한다.

3—기린옥서麒麟玉書

기린이 옥서를 토하다

【원문】

孔子未生, 有麒麟吐玉書, 於鄹大夫家. 其文曰, 水精子繼衰周, 而爲素
王. 顔母異之, 以繡紋繫麟角. 信宿而去.

공자가 태어나기 전에 기린麒麟이 추대부鄹大夫의 집 안으로 들어와 옥서玉書를 토해내었다. 그 옥서에는 "태어날 아이는 쇠퇴해가는 주나라를 계승해 소왕素王이 될 것이다"라고 적혀 있었다. 공자의 모친이 기이하게 여겨 수놓는 실을 기린의 뿔에 묶어주었다. 기린은 그곳에서 이틀 밤을 지내고 떠났다.

【역주】

1) 이 고사는 진晉나라 때 왕가王嘉가 지은 『습유기拾遺記』에 기록되어 있다.

2) 추대부鄹大夫 : 추읍鄹邑의 대부大夫였던 공자의 부친 숙량흘叔梁紇을 가리킨다.

3) 소왕素王 : 군왕의 지위에 오르지는 않았지만, 군왕으로서의 덕망이 있는 사람을 왕으로 높여 부르는 호칭이다.

4 — 이룡오노二龍五老

두 마리의 용과 다섯 신선이 정원에 내려오다

【원문】

魯襄公二十二年十一月庚子, 孔子誕生之辰, 有二龍繞室五老降庭.

【해역】

노나라 양공 22년(기원전 551) 11월 경자일, 공자가 태어난 날 새벽에 두 마리의 용이 집을 둘러싸고 호위하였으며, 다섯 신선이 정원으로 내려왔다.

【역주】

1) 이 고사는 진晉나라 때 왕가王嘉가 지은 『습유기拾遺記』에 기록되어 있다.

2) 공자의 생년월일에 대한 고대 전적의 기록은 서로 일치하지 않는다. 『춘추곡량전春秋穀梁傳』「양공襄公 21년」에는 "10월 경자庚子일에 공자가 태어났다"고 기록되어 있고, 『공양전公羊傳』에는 "양공 21년 11월 경자일에 공자가 태어났다"고 기록되어 있다. 하지만 『사기史記』「공자세가孔子世家」나 『십이제후표十二諸侯表』에서는 태어난 달과 날짜는 기록하지 않고 노나라 양공 22년에 태어난 것으로 기록하고 있다. 이러한 기록의 차이가 있게 된 것은 한漢나라에서 '인정역법寅正曆法'을 사용하였고, 이 역법에서는 10월을 정월로 보았기 때문이다. 다시 말해서 『사기』는 인정역법을 따라 다음해로 계산하였고, 『곡량전』과 『공양전』은 '인정역법을 따르지 않고 그 해로 계산하였다는 것을 짐작할 수 있다. 다만 『사기』에는 날짜가 기록되어 있지 않으므로, 『곡량전』과 『공양전』의 날짜를 분석해 볼 때, 윤달이 없다면 11월 한 달 동안에 경자일이 두 번 있을 수 없으므로 『곡량전』의 날짜를 따르는 것이 합당하다. 이러한 분석을 통해서 얻어진 공자의 생년월일은 노나라 양공 22년 10월 27일(夏나라의 曆으로는 8월 27일)이고, 서력으로 계산한다면 기원전 551년 9월 28일이 된다.

5 ─ 균천강성釣天降聖

하늘이 성인 공자를 내리다

【원문】

顔母之房, 聞釣天之樂, 空中有聲云, 天感生聖子, 降以和樂之音, 故孔子生有異質, 凡四十九表, 胸有文曰, 制作定世符.

공자의 어머니 안씨顔氏가 방 안에 있었는데 하늘로부터 음악 소리와 함께 "하늘이 감동하여 성자聖子를 낳으니 이에 화락和樂의 음악을 들려주노라"는 목소리가 들려왔다. 과연 공자는 태어나면서 보통 사람들과 다른 '마흔아홉 가지의 표식'(四十九表)을 지니고 있었으며, 가슴에는 '제작정세부制作定世符'라는 글자가 새겨져 있었다.

【역주】

1) 이 고사는 진晉나라 때 왕가王嘉가 지은 『습유기拾遺記』에 기록되어 있다.

2) 위魏나라 때의 송균宋均이 주注한 『춘추위연공도春秋緯演孔圖』에도 공자의 가슴에 '제작정세부'라는 글자가 새겨져 있었다는 기록이 보인다.

3) 사십구표四十九表: 보통의 사람들과는 다른 공자의 특이한 모습이나 형상을 가리킨다. 49표는 반수反首, 와목洼目, 월각月角, 일준日準, 좌여호거坐如虎踞, 입여풍치立如風峙, 망지여복望之如扑, 취지여승就之如升, 이수耳垂, 주정珠庭, 귀척龜脊, 용형龍形, 호장虎掌, 삼응參膺, 변륵胼肋, 하구河口, 해목海目, 산제山臍, 림발林發, 익비翼臂, 규순蚪脣, 주안注顔, 융비隆鼻, 부래阜睞, 제미堤眉, 지족地足, 곡규谷竅, 뇌성雷聲, 택복澤腹, 창안昌顔, 균이均頤, 보후輔喉, 병치騈齒 등이다.

6—조두예용俎豆禮容

조두를 차려놓고 제사놀이를 하면서 놀다

【원문】

孔子五六歲甚, 爲兒嬉戲, 嘗陳俎豆設禮容, 與同戲群兒逈異, 蓋天植其
性不學而能也, 由是群兒化效相與揖讓, 名聞列國.

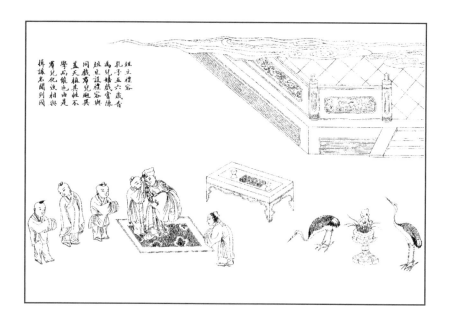

공자의 나이 5~6세 때 이미 아이들과 놀이를 하면서도 조두俎豆와 같은 제기를 차려놓고 예절을 익히며 놀았다. 이런 행동은 보통의 아이들에게서는 볼 수 없는 것으로서 배우지 않고서도 행할 수 있는 그의 천성에 기인한 것이었다. 그렇기 때문에 여러 아이들이 공자를 본받아 서로 예로써 대하였으며, 여러 나라에 그 행적이 알려졌다.

【역주】

1) 이 고사는 『사기史記』「공자세가孔子世家」에 나온다. 그리고 『포박자抱朴子』「내편內篇 · 거혹祛惑」에서도 비슷한 기록이 보인다.

2) 조두俎豆 : 조俎와 두豆 두 종류의 그릇을 가리킨다. 조俎는 나무에 칠을 하거나 청동으로 만든 것으로 제물을 담는데 사용되었다. 두豆는 보통 나무로 만들었지만 경우에 따라서는 토기나 청동을 사용하여 만들기도 하였고, 어떤 것은 덮개까지 갖추고 있으며, 이것은 주로 탕과 같이 물기가 많은 음식을 담는데 사용하였다. 조와 두는 모두 제사에 사용되는 그릇이었기 때문에 제기나 예절을 가리키는 뜻으로 사용되었다.

7 — 입평중학入平仲學

안평중의 문하에 들어가 학문을 익히다

【원문】

世傳孔子七歲, 入晏平仲學. 按平仲治東阿意, 或孔子蒙學之時, 嘗入平
仲所設之鄕學也.

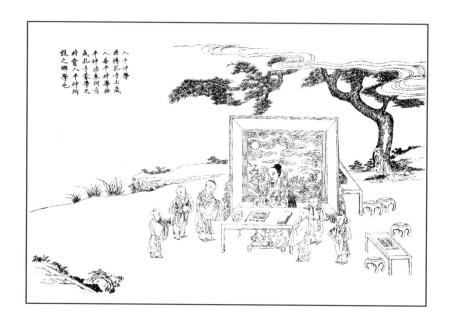

전하는 바에 의하면 공자 나이 7세에 안평중晏平仲의 문하에 들어가 학문을 익혔다. 어린아이를 가르치려는 평중의 아름다운 뜻에 따라, 공자는 공부를 시작할 때에 평중이 세운 향학에 들어갔을 것이다.

【역주】

1) 『공자가어孔子家語』에 안영晏嬰에 관한 기록은 네 곳이 있지만, 공자가 그의 문하에서 수학하였다는 기록은 보이지 않는다. 『논어論語』, 『사기史記』「공자세가孔子世家」 등에서도 공자가 안영의 문하에서 공부하였다는 기록은 보이지 않는다. 다만 『사기』「중니제자열전仲尼弟子列傳」에 공자가 사사했던 인물들, 즉 주周나라의 노자老子, 위衛나라의 거백옥蘧伯玉, 초楚나라의 노래자老萊子, 정鄭나라의 자산子産, 노魯나라의 맹공작孟公綽 등과 함께 제齊나라의 안영이 거론되고 있다.

2) 안평중晏平仲(?~기원전 500) : 춘추 시대 제齊나라의 재상. 이름은 영嬰이고 평중平仲은 그의 자字. 제나라 영공靈公, 장공莊公, 경공景公의 3대에 걸쳐 재상으로 활약하였다. 『안자춘추晏子春秋』는 후세 사람이 그의 언행을 기록하였다고 전해지는 책이다.

8 — 직사위리職司委吏

창고를 관리하는 벼슬을 얻다

【원문】

孔子旣長, 嘗爲季氏委吏, 料量平. 蓋孟子所謂委吏, 而會計當也.

노魯나라 소공昭公 10년(기원전 532)을 전후하여 공자는 이미 장성하여 계손씨
季孫氏의 위리委吏가 되어 창고를 관리하였는데, 계산이 정확하고 일 처리가
매우 공정하였다. 맹자는 '위리委吏'라는 직책이 회계를 담당하는 관리를 가
리킨다고 하였다.

【역주】

1) 이 고사는 『사기史記』「공자세가孔子世家」에 나온다.
2) 맹자의 말은 『맹자孟子』「만장하萬章下」에 기록되어 있다.

9 — 명명영황命名榮貺

아들의 이름을 '리鯉'라고 짓다

【원문】

孔子生子適, 魯昭公以鯉魚賜之, 孔子榮君之貺, 故名其子曰鯉, 字伯魚.

노나라 소공 10년(기원전 532) 공자의 아들이 태어나자 노나라 소공이 공자에게 잉어(鯉魚)를 하사하였다. 공자는 군왕이 하사품을 내린 것에 대해 영광스럽게 생각하여, 아들의 이름을 리鯉, 자字를 백어伯魚라고 지었다.

【역주】

1) 이 고사는 『공자가어孔子家語』「본성해本姓解」에 나온다.

2) 공리孔鯉(기원전 532~기원전 482) : 공자의 아들. 공자는 19세에 송宋나라 사람 견관씨幵官氏를 부인으로 맞아들였고 이듬해에 아들을 낳았는데 그가 바로 공리이다. 자字는 백어伯魚이고 50세에 공자보다 먼저 죽었다. 그의 아들이 급伋(字는 子思)이다.

3) 견관씨幵官氏(?~기원전 485) : 공자의 부인. 이름이 여주麗珠라는 설이 있다. 송나라 사람으로 그 집안 역시 공자와 마찬가지로 송나라로부터 노나라로 이주했다. 결혼한 후 일 년 만에 아들 리를 낳고, 노나라 애공 10년(기원전 485) 공자 나이 67세 때 사망하였다. '대성지성문선왕부인大成至聖文宣王夫人' 혹은 '지성선사부인至聖先師夫人' 으로 불리기도 한다.

10 ─ 직사승전職司乘田

가축을 관리하는 벼슬을 얻다

【원문】

孔子嘗爲季氏司職吏, 而畜蕃息. 蓋孟氏所謂乘田, 而牛羊茁壯長也.

노나라 소공 11년(기원전 531) 공자는 21세의 나이로 계손씨의 사직리司職吏가 되어 가축들을 관리하였는데, 가축들은 살이 찌고 번식하여 그 수가 늘어났다. 맹자는 '승전' 이란 직책이 소나 양과 같은 가축들을 키우고 관리하는 임무를 맡은 관리를 가리키는 것이라고 하였다.

【역주】

1) 이 고사는 『사기史記』「공자세가孔子世家」에 나온다.

2) 맹자의 말은 『맹자孟子』「만장하萬章下」에 기록되어 있다.

11 — 학금사양學琴師襄

사양자에게 거문고를 배우다

孔子嘗學琴於師襄, 十日不進, 襄子曰, 可以益矣, 孔子曰, 未得其數也,
有間曰, 可以益矣, 曰, 未得其志也, 有間曰, 可以益矣, 曰未得其人也,
有間曰, 有所穆, 然深思焉, 有所怡然高望而遠志焉, 曰, 丘得其爲人,
黯然而黑, 頎然而長, 眼如望洋, 非文王孰能爲此也, 襄子避席再拜曰,
君子聖人也, 蓋文王操焉.

노나라 소공 19년(기원전 523) 공자의 나이 29세 때, 그는 사양자師襄子에게 거문고를 배웠다. 그러나 열흘이 지나도 한 곡만을 연습할 뿐, 다른 곡을 연습하지 않자 사양자가 "이제 이 곡은 그 정도만으로 충분히 익힌 것 같으니 진도를 나가 다른 곡을 연주하는 것이 어떻겠는가?" 하고 말하였다. 그러자 공자는 "아직 그 운율을 제대로 익히지 못하였습니다"라고 대답하였다. 다시 얼마의 시간이 지난 후 사양자가 "이제 운율을 모두 익힌 듯하니 다른 곡을 연습하는 것이 어떻겠는가?"라고 권유하자 공자는 "아직 그 의미를 제대로 알지 못하고 있습니다"라고 대답하였다. 또다시 얼마의 시간이 지난 후 사양자가 말하였다. "이제 그 의미를 이해한 듯하니 다른 곡을 연습하는 것이 어떠한가?" 그러자 공자가 다시 대답하기를 "아직 그 사람됨을 알지 못하고 있습니다"라고 하였다. 그리고 나서 또 얼마의 시간이 지났다. 공자는 깊은 생각이 있는 듯도 하고 무엇이 우뚝하게 보이는 듯도 하다면서 사양자에게 말하였다. "이제 비로소 그 사람됨을 알 수 있었습니다. 말끔하면서도 검고, 키가 훌쩍 크며, 멀리 바라보면 끝이 없는 듯도 하고, 사방의 사람들이 모두 모여드는 것만 같으니 이 곡은 문왕이 아니라면 그 누가 지을 수 있겠습니까?" 사양자가 이 말을 듣고 자리를 물러나면서 공손히 절을 하고 말하였다. "참으로 군자이고 성인입니다. 이 곡이 바로 문왕조文王操라는 곡입니다."

【역주】

1) 이 고시는 『사기史記』「공자세기孔子世家」에 나오며 『공자가어孔子家語』「변악해辯樂解」에도 기록되어 있다. 『논어論語』「미자微子」편, 『회남자淮南子』「주술훈主術訓」편, 『한시외전韓詩外傳』 등에도 비슷한 기록이 보인다.

2) 사양자師襄子 : 노魯나라에서 음악을 관장하던 관리.

12 — 논목공패論穆公霸

목공이 패자가 된 까닭을 논하다

【원문】

齊景公與晏嬰適魯問曰, 昔秦穆公國小處僻, 其霸何也. 孔子曰, 秦國雖小, 其志大, 處雖僻, 行中正. 身擧五羖, 爵之大夫. 以此取之, 雖王可也, 景公悅.

제齊나라의 경공景公과 안영晏嬰이 노나라를 방문하여 공자를 만나 "과거 진나라는 국토가 좁고, 중국의 중심에 위치해 있는 것이 아니라, 외진 곳에 위치해 있었습니다. 그런데 목공穆公은 어떻게 패자覇者가 될 수 있었습니까?"라고 물었다. 공자가 대답하기를 "진나라는 비록 작은 나라였지만 품은 뜻은 원대했고, 비록 외진 곳에 위치해 있었지만 그 행하는 일이 정당하였습니다. 또한 몸소 오고五羖를 등용하여 대부의 벼슬을 주었습니다. 이것을 보았을 때 그는 천하를 다스릴 수 있는 사람이었음에도 제후들 사이의 패자 정도가 되었다는 것은 오히려 노력에 비해 공이 적은 것입니다"라고 하였다. 경공은 공자의 이 말을 듣고 매우 기뻐하였다.

【역주】

1) 이 고사는 『사기史記』「공자세가孔子世家」에 나오며 『공자가어孔子家語』「현군賢君」,『설원說苑』「존현尊賢」 등에도 기록되어 있다.

2) 오고五羖 : 백리해百里奚를 가리킨다. 춘추 시대 진나라의 대부로, 일설에 의하면 성은 백百이고 자字는 리里, 이름은 해奚라 하기도 하고, 성姓이 백리百里라는 설도 있다. 먼저 우虞나라의 대부가 되었으나, 노나라 희공 5년(기원전 655) 진陳나라가 우나라를 정벌할 때 진나라의 포로가 되었고, 뒤에 다시 우여곡절 끝에 초楚나라의 노예가 되었지만, 진秦나라의 목공穆公이 그 사람됨을 알아보고 다섯 장의 양가죽을 사용하여 그를 노예에서 해방시켜주었을 뿐만 아니라 그를 대부로 기용함으로써 '오고대부五羖大夫'라 불리었다.

13─태묘문례太廟問禮

태묘에서 예절을 묻다

【원문】

孔子嘗助祭太廟, 每事問, 或曰, 孰爲鄹人之子, 知禮乎, 入太廟每事問,
子聞之曰, 是禮也.

공자가 노나라의 태묘太廟에서 제사 의식을 집전하였다. 그런데 제사의 예를 일일이 다른 사람에게 물어서 처리하였다. 그러자 어떤 사람이 "누가 추읍 대부 숙량흘의 아들이 예를 잘 안다고 하였는가? 태묘 안에서 사소한 모든 것을 다른 사람에게 물어서 처리하는 사람에 불과하구나"라고 말하였다. 공자는 그 말을 듣고 "그렇게 다른 사람에게 물어서 행동하는 그것이 바로 예인 것이다"라고 하였다.

【역주】

1) 이 고사는 『논어論語』「팔일八佾」과 「향당鄕黨」에 기록되어 있다.

2) 태묘太廟 : 주공周公의 묘廟. 노魯나라는 주공에게 봉해진 나라이기 때문에 주공은 태조太祖가 되며, 주공을 모신 사당을 태묘라고 한다.

3) 주공周公(?~기원전 1095) : 서주西周 초기의 정치가. 성姓은 희姬, 이름은 단旦이다. 주나라를 건국한 다음 해에 무왕이 사망하여 성왕이 왕위를 계승하였으나, 성왕의 나이가 어렸기 때문에 무왕의 동생인 주공이 섭정하였다. 이 기간 동안 그는 주나라의 통치 기반을 더욱 공고히 하였으며, 공자가 태어난 노나라는 그가 분봉받은 나라이다.

14 — 대부사사大夫師事

대부들이 공자에게 배우다

【원문】

孟僖子曰, 吾聞聖人之後, 若不當世, 必有達者, 今孔子年少好禮其達者
與, 我即歿汝必事之. 故孟懿子與南宮敬叔事師孔子.

노魯나라의 대부大夫인 맹희자孟僖子가 그의 아들에게 이렇게 말하였다. "내가 듣기로 성인의 후예는 비록 현실에서 높은 지위에 오르지 못했다고 하더라도 반드시 사리에 밝고 통달한 사람이 나온다고 하였다. 그런데 저 공자는 비록 나이가 젊지만 예禮를 숭상하니, 틀림없이 사리에 밝고 통달한 사람이 아니겠는가? 내가 죽은 후에 너희들은 반드시 그를 스승으로 모시도록 하라." 맹희자가 죽은 후, 그의 아들 맹의자孟懿子는 남궁경숙南宮敬叔과 함께 공자를 스승으로 모셨다.

1) 이 고사는 『사기史記』「공자세가孔子世家」와 『좌전左傳』「소공昭公 7년」에 기록되어 있다.

2) 맹의자孟懿子(기원전 531~기원전 481) : 공자의 제자. 성姓은 중손仲孫이고 이름은 하기何忌, '의懿'는 그의 시호諡號이다. 춘추 말기 노나라 사람으로 노나라의 대부 맹희자의 아들이기도 하다. 『사기史記』「중니제자열전仲尼弟子列傳」과 『공자가어孔子家語』에는 그에 관한 기록이 보이지 않는다.

3) 남궁경숙南宮敬叔 : 공자의 제자. 노나라 대부인 맹희자의 아들로 이름은 열閱이다. 성장하여 남쪽에 있는 궁전(南宮)에 살았기 때문에 남궁南宮을 성姓으로 쓰게 되었다. 춘추 말기 노나라 사람으로 『사기史記』「중니제자열전仲尼弟子列傳」과 『공자가어孔子家語』에는 그에 관한 기록이 보이지 않는다.

15 ─ 문례노담問禮老聃

노자를 만나 예에 대하여 묻다

【원문】

孔子與南宮敬叔, 入周問禮於老子. 朱子曰, 老子曾爲周柱下史, 故知禮
節文, 所以問.

노나라 소공 24년(기원전 518) 공자의 나이 34세 때, 그는 제자인 남궁경숙과 함께 주周나라로 가서 노자老子(老聃)를 만나 예禮에 관하여 물었다. 남송南宋의 주자는 이에 대해 "노자는 주나라에서 주하사柱下史의 벼슬을 지낸 적이 있어서 예절을 잘 알고 있었기 때문에 공자가 그에게 예를 물었다"고 설명하였다.

【역주】

1) 이 고사는 『사기史記』「공자세가孔子世家」에 나오며, 『공자가어孔子家語』「치사致思」, 「관주觀周」에도 기록되어 있다.

2) 진晉나라 때 황보밀皇甫謐이 지은 『고사전高士傳』에서는 공자가 17세에 주나라로 가 노담을 만났다는 기록이 보이기도 한다.

3) 노담老聃 : 춘추 말기의 철학자로 도가학파의 창시자이다. 『사기史記』「노자한비열전老子韓非列傳」에 따르면 그의 성姓은 이李이고 이름은 이耳, 자字는 담聃이다. 초楚나라 고현苦縣 여향廬鄕 곡인리曲仁里 사람으로, 일찍이 주周나라의 사관史官을 지냈으며, 『노자老子』 혹은 『도덕경道德經』이 그의 사상을 기록하고 있는 유일한 서적으로 인정되고 있다. 노자와 노담이 동일 인물인가에 대한 학자들의 견해가 완전히 일치하는 것은 아니지만 여기서는 동일 인물로 해석한다.

4) 주하사柱下史 : 역사를 기록하고 장서를 관리하는 사관史官.

16 — 방악장홍訪樂萇弘

장홍에게 음악에 관해 자문을 구하다

【원문】

孔子訪樂萇弘旣退, 弘與劉文公曰, 孔子有聖人之表, 言稱先王, 躬履謙讓, 欲問强記, 博物不窮抑聖人與. 劉文公曰, 聖將安施, 弘曰, 堯舜文武之道, 或弛墜, 禮樂崩喪, 正其統紀, 孔子聞之曰, 吾豈敢哉, 亦好禮樂者也.

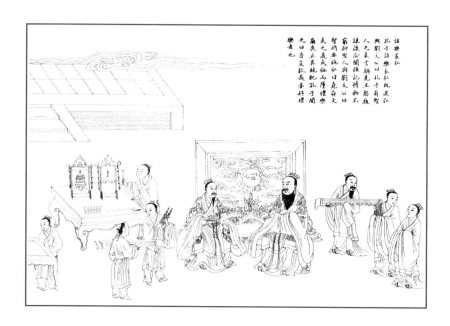

공자가 대부인 장홍萇弘에게 음악에 관해 자문을 구한 후 돌아가자, 장홍이 유문공에게 "공자는 성인의 풍채를 가졌으며, 선왕의 도를 전하고, 겸허하게 예를 몸소 실천하며, 넓은 식견과 이상을 가지고 성인의 도를 실천하고 있는 것 같습니다"라고 하였다. 이 말을 들은 유문공은 "일개 평민에 불과한 그가 어떻게 성인의 도를 세상에 펼칠 수 있겠습니까?"라고 하였다. 그러자 장홍이 다시 말하기를 "요임금과 순임금, 문왕과 무왕의 도는 사라져버리고 예악은 붕괴된 이때, 공자가 그 기강을 다시 올바르게 세우리라 생각됩니다"라고 하였다. 이 말을 들은 공자는 "내가 어떻게 그런 칭찬을 받을 수 있겠습니까? 나는 다만 예와 악을 좋아하는 사람일 뿐입니다"라고 하였다.

【역주】

1) 이 고사는 『공총자孔叢子』「가언嘉言」에 기록되어 있다. 『공자가어孔子家語』「관주觀周」에 공자는 주나라로 가 노담老聃에게 예禮를 배우고, 장홍에게 음악(樂)을 배웠다는 기록이 있으며, 『사기』「공자세가」에도 같은 기록이 있지만, 장홍과 유문공의 대화는 기록되어 있지 않다.

2) 장홍萇弘(?~ 기원전 492) : 주周나라 경왕敬王의 대부. 진晉나라에서 내분이 일어나자, 진나라의 대부였던 범길사範吉射 등을 도와 난을 일으켰지만, 진나라의 경卿이었던 조앙趙軮이 이것을 트집잡아 주나라를 핍박하자, 주나라에서 그를 사형에 처하였다.

17 — 관주명당觀周明堂

주나라의 사당을 둘러보다

【원문】

孔子觀周明堂, 見四門墉有堯舜之容, 桀紂之象. 又有周公, 抱成王朝諸
侯圖. 孔子謂從者曰, 此周之所以盛也.

공자가 주周나라의 사당인 명당明堂을 둘러보았는데 사방의 문과 높다란 벽에는 성군聖君인 요堯·순舜의 모습과 폭군暴君인 걸桀·주紂의 모습이 대조를 이루며 그려져 있었다. 그리고 한쪽에는 주공周公이 성왕成王을 안고서 제후의 조회를 받는 그림도 있었다. 공자는 이 그림들을 보고 감탄하여 그를 따라온 제자들에게 "이것이 바로 주나라 왕조가 흥성한 까닭이었구나!" 라고 말하였다.

【역주】

1) 이 고사는 『공자가어孔子家語』「관주觀周」에 자세하게 나온다.

2) 명당明堂 : 명당이란 원래 천자가 제후의 조회를 받는 곳이자, 정사를 보는 곳을 말한다. 이곳은 원래 9개의 방으로 구성되어 있는데, 각각의 방을 태묘太廟 혹은 명당明堂이라고 하기도 한다.

3) 요堯·순舜은 중국 고대에 덕치德治를 이룬 군왕이다. 걸桀·주紂는 각기 고대 하夏나라와 은殷나라의 마지막 왕으로 사치와 향락이 극에 달했던 폭군들이다. 그리고 주공周公은 주나라 문왕文王을 도와 예악禮樂의 기초를 다진 인물이며, 무왕武王의 사후에는 아직 어린 성왕成王을 대신하여 섭정함으로써 주나라를 확고한 반석 위에 올려놓았다. 공자는 『논어』에서 "꿈에서 주공을 보았다"(夢見周公)고 할 정도로 그가 세운 예악문화를 숭배하였다.

18 ─ 금인명배金人銘背

동상의 등에 새겨진 격언을 보다

【원문】
孔子入后稷廟, 見右階前有金人. 三緘其口而銘其背, 曰, 古之愼言人
也, 戒之哉, 無多言, 多言多敗. 誠能愼之, 福之根也. 曰, 是何傷, 禍之
門也. 顧謂弟子曰, 此言, 實而中, 情而信. 行身如是, 豈以口遇禍哉.

공자가 후직后稷의 사당에 들어갔을 때, 사당의 오른쪽 계단 앞에 세워진 동상을 보게 되었다. 그 동상의 입은 세 번이나 봉해져 있었고, 등에는 다음과 같은 문장이 새겨져 있었다. "이 사람은 옛날 말을 삼가며 말을 하더라도 한마디 한마디를 신중하게 했던 사람이다. 조심하고 경계할지니 말을 많이 하지 말라. 많은 말을 하면 또한 많은 실수를 하게 된다. 진실로 삼갈 수 있는 것이 바로 복의 근본이다." 그리고 또 한편에는 "입이 어찌 사람을 상하게 할 수 있으랴만 사실 그것이 바로 재앙의 문이로다"라는 문장이 새겨져 있었다. 이를 본 공자는 제자들을 돌아보며 "이 말은 진실하고도 정곡을 찌르며, 실정을 파악하면서도 믿음이 있는 말이구나. 이 말과 같이 행동한다면 어찌 입으로 인해 화를 입을 일이 있겠는가!"라고 하였다.

【역주】

1) 이 고사는『공자가어孔子家語』「관주觀周」에 자세하게 나오는데,『공자가어』에는 동상에 새겨진 명문의 전문全文이 기록되어 있으며, 이곳에서는 그 일부분만을 발췌한 것이다.

2) 원문의 "시하상是何傷"이『공자가어』에는 "구시하상□是何傷"으로 되어 있다.

3) 후직后稷 : 주周나라의 시조. 그 모친인 강원이 거인의 발자국을 밟고 난 후 잉태하였다고 전하며, 태어난 후 곧바로 들판에 버려졌기 때문에 이름을 기棄라 하였다. 그가 백성들에게 농사짓는 법을 가르쳐서 사람들을 한곳에 정착할 수 있도록 했다고 한다. 요임금 때에는 농사를 관리하는 벼슬을 지냈고, 순임금 때에는 태邰에 봉해져 후직이라는 호號와 희姬씨 성姓을 쓰게 되었다.

19—재천관수在川觀水

흘러가는 강물을 바라보다

【원문】

夫子在川觀水, 子貢問曰, 君子見水必觀何也, 孔子曰, 以其不息者, 似乎道之流行, 而無盡矣, 水之德若此, 是故君子必觀焉.

【해역】

공자가 강가에 서서 흘러가는 강물을 바라보고 있었다. 옆에 있던 자공子貢이 공자에게 "군자는 강을 만나면 반드시 그 흘러가는 것을 지켜보는데, 이것은 무슨 까닭입니까?"라고 물었다. 그러자 공자는 이렇게 대답하였다. "강물이 흘러가는 것은 끊임이 없는데, 이것은 도道가 전승되고 세상에 전파되는 것이 잠시도 멈추지 않는 것과 같다. 물의 흐름에는 이와 같은 깊은 의미가 담겨 있으니, 군자는 흐르는 강물을 만나면 반드시 그것을 바라보게 되는 것이다."

【역주】

1) 이 고사는 『공자가어孔子家語』「삼서三恕」와 『순자荀子』「유좌宥坐」, 그리고 『대대예기大戴禮記』「권학勸學」, 『설원說苑』「잡언雜言」 등에 기록되어 있다.

2) 자공子貢(기원전 520?~기원전 456?) : 공자의 제자. 성은 단목端木이고 이름은 사賜. 자공子貢은 그의 자字이다. 위衛나라 사람으로 공자보다 31세 연하였다. 재아宰我와 함께 변론에 뛰어났다. 공자가 죽은 뒤 노나라를 떠나 위나라에서 벼슬하였으며, 제나라에서 죽었다.

20 ─ 엽각종노獵較從魯

노나라의 풍습에 따라 사냥물을 비교하다

【원문】

孔子仕魯, 魯人獵較, 孔子亦獵較, 孟子曰, 孔子先簿正祭器, 不以四方
之食供簿正.

공자가 노나라에서 관리로 있을 때, 노나라 사람들이 서로 다투어 사냥 시합을 하면, 공자도 역시 그렇게 하였다. 맹자孟子가 말하였다. "공자는 예의에 정해진 올바른 음식과 기물만을 사용하여 제사를 올릴 뿐, 다른 음식물을 사용하지 않았다."

【역주】

1) 이 고사는 『맹자孟子』「만장하萬章下」에 기록되어 있다.

2) 엽각獵較 : 사냥물을 서로 비교하여 많이 잡거나 큰 것을 잡은 사람이 사냥물을 차지하는 것을 뜻하며, 그렇게 하는 것은 그 사냥물을 제사에 쓰기 위한 것이었다. 공자가 예의에 정해진 올바른 음식과 기물만을 사용하여 제사를 올릴 뿐, 다른 음식물을 사용하지 않았다는 맹자의 말은 시합을 통해 얻은 사냥물을 제사에 쓸 수 없도록 함으로써 '엽각'이라는 나쁜 관습을 자연스럽게 사라지도록 하기 위한 것이었다.

21 — 주식고금晝息鼓琴

낮에 쉬면서 거문고를 타다

【원문】

孔子晝息於室而鼓琴, 閔子自外聞之, 以告曾子曰, 鄕也, 夫子鼓琴音淸澈以和淪入至道, 今更爲幽沉聲, 夫子何所感而若是. 二者入問, 孔子曰, 然固有之矣, 吾見猫方取鼠, 而欲得之狀, 故爲此音, 可與聽音矣.

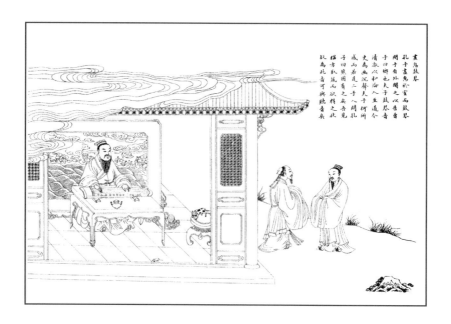

공자가 한낮에 방 안에서 쉬면서 거문고를 탔다. 민자건閔子騫이 밖에서 그 소리를 듣고 증자曾子에게 "평상시 선생님의 거문고 소리는 청량하고 평화로워 지극한 도道로 이끄는 듯하였는데, 오늘은 그 소리가 깊게 가라앉아 있으니 어떤 감흥이 있으신 것일까?'라고 말하였다. 그래서 두 사람은 안으로 들어가 공자에게 그 연유를 물었더니 공자는 이렇게 대답하였다. "그렇다. 내가 방금 쥐를 잡으려는 고양이를 보고 거문고를 연주하다 보니 그와 같은 소리가 나오게 되었다. 네가 오늘 거문고 소리가 다른 날과 다르다는 것을 알아들을 수 있었다니, 이제 제대로 음악을 듣고 연구할 수 있겠구나."

1) 이 고사는 『한시외전韓詩外傳』에 기록되어 있지만, 인물 중 민자건 대신 자공이 등장한다. 『논어論語』, 『공자가어孔子家語』, 『사기史記』「공자세가孔子世家」 등에는 이와 같은 기록이 보이지 않는다.

2) 민자건閔子騫(기원전 536~?) : 공자의 제자. 성姓은 민閔, 이름은 손損, 자건子騫은 그의 자字이다. 춘추 말기 노나라 사람으로 공자보다 15세 연하다. 공자의 제자들 중 안회顔回와 더불어 덕행과 효행이 뛰어난 것으로 알려져 있다.

3) 증자曾子(기원전 506~기원전 436) : 공자의 제자. 이름은 삼參, 자字는 자여子輿. 산동성山東省 출신으로 증점曾點의 아들이다. 공자孔子의 고제高弟로 효심이 두텁고 배운 것을 실천하는 데 힘쓴 것으로 유명하다.

22 ─ 관향인사觀鄕人射

마을 사람들의 활 쏘는 모습을 지켜보다

【원문】

孔子觀鄕射, 喟然嘆曰, 修身以發不失正鵠者, 其唯賢者乎, 若夫不肖安
能以中, 詩云, 發彼有的, 以祈爾爵.

공자가 마을 사람들이 활 쏘는 것을 보고 탄식하며 이렇게 말하였다. "몸을 바로 해서 과녁을 맞힐 수 있다면 그는 뛰어난 사람이 아니겠는가! 만약 뛰어난 사람이 아니라면 어떻게 정확하게 과녁을 맞힐 수 있겠는가? 『시경詩經』에서도 '저곳에 있는 과녁을 맞히어, 너의 술잔을 사양한다' 고 하지 않았던가!"

【역주】

1) 이 고사는 『공자가어孔子家語』「관향사觀鄕射」에 나온다.

2) 인용된 『시경詩經』의 시는 「소아小雅 · 보전지십甫田之什 · 빈지초연賓之初筵」에서 인용된 것이다. 술이란 늙은이와 병든 자에게 필요한 것이므로, 활을 잘 쏘는 뛰어난 사람에게는 그와 같은 술이 필요하지 않으므로 사양한다는 뜻이다.

23 — 태산문정泰山問政

태산에서 정치를 논하다

【원문】

孔子適齊過泰山, 聞婦人哭而哀曰, 此一似重有憂者, 使子路問之, 婦人曰, 昔舅死於虎, 夫與子亦然, 子貢曰, 何不去, 婦人曰, 無荷政, 子貢以告, 子曰, 荷政猛於虎也.

공자가 제齊나라로 가는 길에 태산泰山을 지나다가 어떤 여인이 슬피 우는 소리를 들었다. 공자가 크게 근심하는 사람이 있다고 생각하여 제자인 자로子路를 보내 사연을 물었다. 여인은 "예전에 시아버지가 호랑이에게 잡아먹혔는데, 이제 남편과 아들마저 호랑이에게 잡아먹히고 말았습니다"라고 대답하였다. 자로는 "아니 그렇게 되도록 왜 이사하지 않았습니까?"라고 물었다. 그러자 여인이 "그래도 이곳에는 가혹한 정치가 없기 때문입니다"라고 대답하였다. 자로가 이 말을 공자에게 전하자 공자가 말하였다. "가혹한 정치가 사람을 잡아먹는 호랑이보다 더 무서운 것이로구나."

1) 이 고사는 『공자가어孔子家語』「정론해正論解」에 나오며, 『예기禮記』「단궁檀弓」, 『논형論衡』「조호遭虎」 등에도 기록되어 있다. '가혹한 정치가 호랑이보다 더 무섭다'(苛政猛於虎)라는 고사성어는 여기에서 비롯된 것이다.

2) 자로子路(기원전 542~기원전 480): 공자의 제자. 성은 중仲, 이름은 유由, 자는 자로子路 혹은 계로季路이다. 춘추 말기 노나라 변卞(현재의 산동성 사수현 동쪽) 지역 사람으로, 공자보다 9살 연하였고 제자들 가운데 가장 연장자였다. 성격이 강직하고 직선적이었기 때문에 공자의 꾸지람을 많이 듣기도 했으나 공자가 인간적으로 가장 신뢰한 인물이기도 했다. 후일 위衛나라의 대부로 있다가 내란에 휩쓸려 죽임을 당했는데, 공자는 자로의 숙음을 듣고 매우 애통해했다고 한다.

24_경공존양景公尊讓

경공이 공자를 높여 양보하다

【원문】

孔子見齊景公, 讓登夫子降一等, 景公三辭, 然後登曰, 夫子降德辱臨,
寡人以爲榮也, 降階以遠是絶寡人未知罪也, 孔子曰, 惠顧外臣君之賜
也, 然以匹夫而敵與國君非所敢也, 雖辱君私之其若義何.

공자가 제나라 경공景公을 알현하였다. 경공이 계단 아래에 서며 공자에게 먼저 오르기를 청하였다. 그러나 공자가 그렇게 하지 않자 경공이 세 번이나 앞서 가기를 청하였다. 그래도 공자가 먼저 오르려 하지 않자, 경공이 계단을 먼저 오르며 말하였다. "선생께서 스스로 덕을 낮추어 자신을 욕되게 함은 과인을 높이려는 것이겠지만, 계단 아래 멀리서 과인과 떨어져 있게 하는 것은 오히려 죄가 되지 않는지 모르겠습니다." 그러자 공자는 "저에게 먼저 계단을 오르라고 하심은 왕의 깊은 배려이지만, 저는 일개 평민으로서 그렇게 할 수가 없습니다. 만약 군주를 욕되게 한다면 그것을 어찌 의롭다 하겠습니까?"라고 대답하였다.

【역주】

1) 이 고사는 『공총자孔叢子』 「기의記義」에 기록되어 있다.

2) 경공景公(?~기원전 490) : 춘추 말기 제齊나라의 군주. 이름은 저구杵臼이며, 영공靈公의 아들이고 장공莊公의 이복동생이다. 제위 기간은 기원전 547년에서 기원전 490년까지이다.

25 — 안영저봉晏嬰沮封

안영이 공자의 등용을 막다

【원문】

齊景公問政, 孔子曰, 政在節財, 公說欲封以尼谿之田, 晏嬰進曰, 夫儒者滑稽而不可軌, 法倨傲自順不可以爲下. 君欲用之以移齊俗非所以先民也, 景公曰, 吾老矣, 不能用也, 孔子接淅而行.

제나라의 경공이 공자에게 어떻게 국가를 다스려야 하는지를 물었는데, 공자
는 "나라를 다스리는 기본은 재물을 절약하는 데 있습니다"라고 대답하였다.
경공이 기뻐하며 공자로 하여금 니계尼谿 땅을 다스리도록 하였다. 그러나 안
영晏嬰이 들어와 이를 반대하면서 "대개 유학자라는 사람들은 매끄러운 말로
사람을 현혹하므로 그들의 말을 따를 수는 없습니다. 또한 오만하여 자신의 주
장만을 고집하기 때문에 백성들에게까지 그 뜻을 펼칠 수가 없습니다. 군주께
서 공자를 등용하여 제나라의 풍속을 개혁하려 하지만, 그는 백성들의 앞에 서
서 그들을 지도할 만한 사람이 되지 못합니다"라고 하였다. 경공은 할 수 없이
공자에게 "나는 이미 늙어버려 선생을 등용할 수 없습니다"라고 말하였다. 이
말을 들은 공자는 제나라를 떠나 노나라로 돌아갔다.

【역주】

1) 이 고사는 『사기史記』「공자세가孔子世家」에 나오며, 『안자춘추晏子春秋』
「외편外篇·불합경술자不合經術者」, 그리고 『묵자墨子』「비유하非儒下」 등
에 기록되어 있다.

26—퇴수시서退修詩書

물러나 『시경』과 『서경』을 편수하다

【원문】

孔子年四十二, 魯昭公卒定公立, 季氏僭公室陪臣執國命, 故孔子不仕,
退而修詩書禮樂, 弟子彌衆.

공자의 나이 42세가 되었을 때, 노나라의 군주인 소공昭公이 사망하고 정공定公이 그 위位를 계승하자, 계손씨季孫氏가 국가의 권력을 장악하고 함부로 전횡을 일삼았다. 이렇게 국정이 정도로부터 벗어나 행해지자 공자는 관직에 나아갈 마음을 버리고 『시경詩經』과 『서경書經』, 『예기禮記』와 『악기樂記』를 편수하였다. 이후 학문을 하고자 찾아오는 제자들이 점차 많아졌다.

【역주】

1) 이 고사는 『사기史記』 「공자세가孔子世家」에 나온다.

2) 소공昭公(기원전 560~기원전 510) : 춘추 시대 노나라의 군주. 이름은 주裯 또는 조裯이고 양공襄公의 서자이다. 재위 기간은 기원전 541년에서 기원전 510년까지이다.

3) 정공定公(?~기원전 495) : 춘추 시대 노나라의 군주. 이름은 송宋이며, 양공襄公의 아들이고 소공昭公의 동생이다. 어떤 학자는 소공의 아들이라고 주장하기도 한다. 재위기간은 기원전 509년에서 기원전 495년까지이다.

4) 계손씨季孫氏 : 노나라 환공의 아들인 계우季友의 후예. 노나라 삼환三桓 중의 하나. 노나라 선공宣公 9년(기원전 600)부터 맹손씨, 숙손씨와 더불어 노나라의 정권을 장악하였다.

27 —수희분혜受饎分惠

얻은 양식을 제자들과 나누다

【원문】

季桓子以粟千鍾, 饎夫子受而不辭, 旣而以頒門人之無者. 子貢進曰, 季孫以夫子貧致粟, 今受而施人, 無乃非季孫意乎, 子曰, 吾得千鍾受而不辭者, 爲季孫惠且寵也, 與季孫之惠一人, 豈若惠數百人哉.

공자는 계환자季桓子가 보낸 양식을 거절하지 않고 받은 후, 그것을 다시 가난한 제자들에게 나누어주었다. 그것을 보고 자공子貢이 "계손이 선생님의 빈곤한 생활을 보고서 선생님에게 보낸 것이므로, 그 받은 양식을 다시 제자들에게 나누어주는 것은 계손의 뜻을 저버리는 것이라고 생각합니다"라고 하였다. 이 말을 들은 공자는 "내가 양식(千鍾)을 거절하지 않고 받은 것은 계손의 은혜와 총애를 생각함이었다. 그러한 계손의 은혜가 나 한 사람에게 미치는 것이 어떻게 수많은 사람들에게 미치는 것과 비교할 수 있겠는가?"라고 대답하였다.

【역주】

1) 이 고사는 『공총자孔叢子』「기의記義」에 기록되어 있으며, 『공자가어孔子家語』「치사致思」에도 간략하게 소개되어 있다.

2) 계환자季桓子(?~기원전 492) : 춘추 시대 노나라의 대부. 이름은 사斯. 노나라 정공 5년(기원전 505) 그 아버지인 계평자季平子가 사망하자 그 위를 계승하였지만, 가신이었던 양호陽虎에 의해 감금되었다가, 양호와 동맹을 맺고서야 비로소 풀려날 수 있었다. 하지만 그 후 양호가 진나라로 도망갈 때까지 실질적인 권력을 행사하지는 못했다. 노나라 애공哀公 3년(기원전 492) 서자인 계강자季康子에게 공자를 노나라로 모셔올 것을 당부한 후 사망하였다.

3) 천종千鍾 : 대부大夫 이상의 봉록.

28 — 사확상포射矍相圃

확상포에서 활쏘기를 하다

【원문】

孔子習射于矍相圃, 觀者如堵, 使子路執弓矢喩之曰, 僨軍之將, 亡國之
大夫, 與爲人後者, 不得入孝弟, 好禮不從流俗者立, 此去者大半.

74

공자가 (제자들과 함께) 확상포矍相圃에서 활쏘기 연습을 하고 있었는데, 수많은 사람들이 주위를 둘러싸고 이를 구경하였다. 활과 화살을 잡은 자로子路가 구경하는 사람들에게 이렇게 말하였다. "전쟁에서 패배한 장군과, 망해버린 나라의 대부, 그리고 어떤 일을 행함에 있어서 남의 뒤만 따르는 사람은 물러가시오. 다만 효성스럽고 자애로우며, 예를 좋아하는 사람과 세속의 흐름을 좇아가지 않는 사람만 남으시오." 이 말을 마치자 대부분의 사람이 떠나갔다.

【역주】

1) 이 고사는『공자가어孔子家語』「관향사觀鄉射」에 나오며,『예기禮記』「사의射義」에도 기록되어 있다.

2) 확상矍相 : 지명. 현재의 산동성山東省 곡부현曲阜縣 성내. 포圃는 채소밭을 말한다.

29 ─ 무우종유舞雩從游

무우대를 거닐면서 학문을 논하다

【원문】

樊遲從遊於舞雩之下曰, 敢問崇德修慝辨惑, 子曰, 善哉問. 先事後得,
非崇德與. 攻其惡無攻人之惡, 非修慝與. 一朝之忿忘其身以及其親,
非惑與.

공자를 모시고 무우대舞雩臺 아래를 거닐던 번지樊遲가 공자에게 물었다. "덕을 숭상하는 것(崇德)과 악함을 바로잡는 것(修慝), 그리고 의혹을 분별하는 것(辨惑)이란 무엇입니까?" 번지의 물음에 대해 공자는 이렇게 말하였다. "좋은 질문이다. 일을 먼저하고 그 결과를 뒤로한다면 덕을 숭상하는 것이 아니겠는가? 자신의 악한 일을 비판하고 타인의 잘못을 너그러이 대하는 것이 바로 악함을 바로잡는 것이 아니겠는가? 한순간의 감정에 휘말려 자신과 주위 사람을 잊어버리는 것이 바로 의혹이 아니겠는가?"

【역주】

1) 이 고사는 『논어論語』「안연顔淵」에 나온다.

2) 번지樊遲(기원전 515~?) : 공자의 제자. 성姓은 번樊이고 이름은 수須이며, 자字는 자지子遲인데, 번지樊遲라 불리기도 하였다. 춘추 말기 노나라 사람이라는 설과 제나라 사람이라는 설이 있다. 『사기史記』「중니제자열전仲尼弟子列傳」에서는 공자보다 36세 연하로 기록되어 있지만, 『공자가어孔子家語』「제자해弟子解」에서는 46세 연하로 기록되어 있다. 학문을 좋아하여 공자에게 깊이 있는 질문을 던진 것으로 유명하다.

30—궤식흔수饋食欣受

볼품없는 음식을 흔쾌히 받다

【원문】

魯有儉嗇者, 瓦鬲煮食, 自謂甚美, 以土型器進夫子, 夫子欣然如受太牢
之饋, 子路曰, 薄陋也, 何喜乎, 子曰, 好詠者思其君, 食美者念其親, 吾
非厚饌具也.

노魯나라에 인색하게 보이리만치 검소하게 살아가는 사람이 있었다. 어느 날 기왓장으로 만든 솥에다가 음식을 끓여 맛을 보고는 스스로도 맛이 좋다고 여겨, 이 음식을 흙으로 만든 그릇에 담아 공자에게 드렸다. 공자가 그것을 받고 기뻐하는 것이 마치 태뢰太牢의 음복을 받는 듯하였다. 그것을 본 자로子路가 "보잘것없는 그릇에 담긴 볼품없는 음식에 불과한데 무엇 때문에 그렇게 기뻐하십니까?"라고 물었다. 그러자 공자는 "시가를 잘 읊는 사람은 자신의 군주를 생각하고, 맛있는 음식을 먹는 사람은 그 양친을 생각하는 법이다. 나는 음식이 담긴 그릇에는 관심이 없다"라고 대답하였다.

【역주】

1) 이 고사는 『공자가어孔子家語』「치사致思」에 나오며, 『설원說苑』「반질反質」에도 기록되어 있다.

2) 태뢰太牢 : 대뢰大牢라고도 하며, 소, 돼지, 양을 모두 갖춘 제수를 뜻하지만, 여기에서는 귀한 음식을 가리키는 말로 쓰였다.

31── 관상지우觀象知雨

하늘을 보고 비 올 것을 알다

【원문】

孔子行命弟子持雨具, 已而果雨, 弟子問曰, 何以知之, 子曰, 詩不云乎,
月離于畢, 俾滂沱矣, 昨暮月不宿畢乎, 是以知之.

공자가 외출하면서 제자들에게 우산을 준비하도록 하였다. 과연 외출하고 얼마 지나지 않아 비가 내렸다. 제자들이 "선생님께서는 비가 올 것을 어떻게 미리 아셨습니까?"라고 물었더니 공자가 이렇게 대답하였다. "『시경』에 이르기를 '달이 필수畢宿에 걸려 있으니 큰비가 내리겠네'라고 하지 않았던가! 어젯밤 달이 필성 부근에 머물러 있음을 보고 오늘 비가 올 것을 알 수 있었다."

【역주】

1) 이 고사는 『공자가어孔子家語』「칠십이제자해七十二弟子解」에 기록되어 있다.
2) 필畢 : 별자리 이름. 28수宿 중 서쪽에 있는 별자리이며 모두 8개의 별로 구성되어 있다.
3) 인용된 시는 『시경詩經』「소아小雅」의 '점점지석漸漸之石'이다.

32 — 보유수사步游洙泗

제자들과 강변을 거닐며 학문을 논하다

【원문】

魯城東北, 有洙泗二水, 夫子立敎與弟子遊其, 上步一步顔子·亦步一步,
趨一趨顔子亦趨一趨.

노나라 도성의 동북부에는 수수洙水와 사수泗水라는 두 강이 흐르고 있었다. 공자는 제자들을 가르치는 틈틈이 제자들과 함께 이 강변을 거닐었다. 공자가 앞으로 천천히 한 걸음을 걸으면 안자(顏回) 역시 한 걸음을 나아가고, 공자가 빨리 걸으면 안자 역시 걸음을 빨리 하였다.

【역주】

1) 이 고사의 출전은 분명하지 않다. 『논어論語』, 『공자가어孔子家語』, 『사기史記』「공자세가孔子世家」 등에서는 이와 같은 기록을 찾을 수 없다.

2) 수洙와 사泗는 모두 강 이름이다. 수는 현재의 산동성山東省 신태현新泰縣 동북쪽에서 시작하여 서쪽으로 흘러내렸고, 사는 산동성 사수현洙泗縣 동몽산東蒙山 남쪽 기슭에서 발원하여 서쪽으로 흘러내렸다. 이 두 강은 산동성 사수현에 이르러 합류하여 서쪽으로 흐르다가 곡부성曲阜城 북쪽에 이르러서는 다시 둘로 나누어져 흐른다. 공자는 이곳에서 제자들과 학문을 논하였고, 시서예악詩書禮樂 등의 고적들을 정리하였다. 그래서 '수사洙泗'는 제齊나라와 노魯나라의 문화를 가리키거나 공자의 가르침을 뜻하는 말로 쓰이게 되었다.

33─슬경유비瑟儆孺悲

거문고를 타서 유비를 경계하다

【원문】

魯人孺悲, 嘗學禮於孔子, 欲見焉, 孔子辭以疾, 將命者出戶, 取瑟而歌 使之聞之.

노나라의 유비孺悲는 일찍이 공자에게 예를 배운 적이 있었다. 뒤에 다시 와서 공자를 뵙고자 하였으나 공자는 병을 핑계로 만나주지 않았다. 이 말을 전하러 가는 제자가 방을 나서기가 무섭게 공자는 거문고를 연주하며 큰소리로 노래를 불렀다. 이는 유비가 공자의 노랫소리를 듣고 스스로 자기 자신을 돌아보도록 하기 위함이었다.

【역주】

1) 이 고사는 『논어論語』 「양화陽貨」에 나온다.

2) 유비孺悲 : 공자의 제자. 생졸 연대는 확실하지 않으며 춘추 말기 노나라 사람이다. 『논어論語』 「양화陽貨」와 『예기禮記』 「잡기하雜記下」에 그의 행적이 일부 기록되어 있다.

34─농산언지農山言志

농산에서 제자들의 포부를 묻다

【원문】

孔子遊於農山, 命子路子貢顔淵言志, 子路志在闢地千里, 子曰, 勇哉,
子貢志在陳說利害, 子曰, 辨哉, 顔淵志在敷五敎修禮樂, 子曰, 不傷民,
不繁詞, 惟顔氏之子矣.

공자가 제자들과 농산農山을 유람하면서 자로子路와 자공子貢, 그리고 안연顔淵에게 각자의 포부를 말해보라고 하였다. 먼저 자로가 국토를 넓히고 싶다는 포부를 이야기하자 공자는 그의 용맹함을 칭찬하였다. 다음으로 자공이 전쟁을 벌이고자 하는 제후국을 주유하며 전쟁의 이해득실을 따져 싸움을 말리고 싶다는 포부를 말하자 공자는 자공의 언변을 칭찬하였다. 마지막으로 안연이 유학의 가르침(五敎)을 널리 전하며 예악으로 인도하고자 하는 포부를 밝히자, 공자는 안연을 특별히 칭찬하며 이렇게 말하였다. "백성들을 해롭게 하지 않으며, 말이 번거롭지 않은 사람은 오직 안연뿐이구나."

【역주】

1) 이 고사는 『공자가어孔子家語』「치사致思」에 나오며, 『한시외전韓詩外傳』, 『설원說苑』「지무指武」 등에도 기록되어 있다.

2) 농산農山 : 『한시외전』에서는 융산戎山이라 기록되어있다.

3) 오교五敎 : 부의父義, 모자母慈, 형우兄友, 제공弟恭, 자효子孝의 다섯 가지 가르침으로, 곧 유학의 가르침을 의미한다.

35 — 사자시좌四子侍坐

네 명의 제자를 곁에 앉히고 포부를 묻다

【원문】

子路曾晳冉有公西華, 侍坐子曰, 盍各言爾志, 三子以當强擯, 相對獨
點, 有春風沂水之趣, 夫子喟然嘆曰, 吾與點也.

공자가 자로子路, 증석曾晳, 염유冉有, 공서화公西華로 하여금 자신의 포부를 이야기해보도록 하였다. 자로, 염유, 공서화는 대체로 백성을 부유하게 하고 국가를 강하게 하는 관리가 되고 싶다는 포부를 밝혔다. 그런데 이들과 달리 오로지 증석만이 봄바람을 따라 기수沂水에서 노닐고 싶다고 하였다. 그러자 공자는 감탄하며 증석의 포부가 자신의 생각과 같다고 하였다.

【역주】

1) 이 고사는 『논어論語』 「선진先進」에 나온다.

2) 증석曾晳 : 공자의 제자. 성姓은 증曾이고 이름은 점點(蒧), 자字는 자석子晳이다. 춘추 말기 노나라 남무성南武城(현재의 山東省 平邑縣) 사람으로, 증삼曾參의 아버지이기도 하다.

3) 공서화公西華(기원전 509~?) : 공자의 제자. 성姓은 공서公西, 이름은 적赤, 자字는 자화子華이다. 춘추 말기 노나라 사람으로 공자보다 42세 연하였다. 제자들 중에서 특히 예의에 대한 이해가 깊었고, 『예기禮記』 「단궁상檀弓上」 편의 기록에 의하면 공자가 사망한 후 그가 장례를 주관하였다고 한다.

36 ─ 과정시례過庭詩禮

정원에서 아들에게 『시경』과 『예기』를 배우도록 가르치다

【원문】

孔子嘗獨立, 鯉趨而過庭. 曰, 學詩乎. 對曰, 未也. 不學詩, 無以言. 鯉
退而學詩. 他日又獨立, 鯉趨而過庭. 曰, 學禮乎. 對曰, 未也. 不學禮,
無以立. 鯉退而學禮.

공자가 정원에 홀로 서 있을 때, 공리孔鯉가 조심스럽게 지나가자 공자가 그를 불러 세운 후에 "『시경詩經』을 공부하였느냐?"라고 물었다. 공리가 "아직 공부하지 못하였습니다"라고 대답하자 공자는 "『시경』을 공부하지 않으면 사람과 사귀지 못한다"라고 하였다. 그리하여 공리는 그 자리를 물러나 『시경』을 공부하였다. 얼마의 시간이 지난 후 공자가 정원에 홀로 서 있을 때, 공리가 지나가자 다시 그에게 "『예기禮記』를 공부하였느냐?"라고 물었다. 공리가 "아직 공부하지 못하였습니다"라고 대답하자 공자는 "『예기』를 공부하지 않으면 세상에서 처세할 수 없다"라고 하였다. 그래서 공리는 그 자리를 물러난 후 『예기』를 공부하였다.

【역주】

1) 이 고사는 『논어論語』 「계씨季氏」에 나온다.

37─관기론도 觀器論道

그릇을 보고 도를 논하다

【원문】

孔子觀魯桓公之廟, 有欹器焉, 曰, 吾聞虛則欹, 中則正, 滿則覆, 明君
以爲至戒, 謂弟子注水試之, 信然. 嘆曰, 夫物惡有滿而不覆者哉, 子路
進曰, 敢問持滿有道乎, 曰, 謙而損之人, 損可也.

공자가 노魯나라 환공桓公의 묘에서 기울어져 있는 그릇을 보고 이렇게 말하였다. "이 그릇은 유좌宥坐라는 것인데, 아무것도 담겨져 있지 않으면 비스듬히 기울어져 있지만, 그 안에 물을 반쯤 채우면 바르게 서고, 물이 가득 차게 되면 뒤집어진다. 그래서 현명한 군주는 이것을 보고 그 언행의 지나침을 경계하는 것이다." 그리고 나서 제자들에게 정말로 그렇게 되는지 실험해보도록 하니 과연 그렇게 되었다. 이것을 보고 공자가 탄식하며 말하기를 "세상에 그 어떤 것도 가득 차 있으면서도 뒤집혀지지 않는 것이 있겠는가!"라고 하였다. 자로子路가 앞으로 나서며 "그렇다면 가득 채워져 있으면서도 뒤집혀지지 않을 방법이 있겠습니까?"라고 물었다. 그러자 공자는 "스스로 겸손함으로써 마치 물을 퍼내서 물의 양을 줄이는 것처럼 한다면 그렇게 할 수 있다"라고 대답하였다.

【역주】

1) 이 고사는 『공자가어孔子家語』「삼서三恕」와 『순자荀子』「유좌宥坐」, 그리고 『한시외전韓詩外傳』, 『회남자淮南子』「도응훈道應訓」, 『설원說苑』「경신敬愼」 등에 기록되어 있다.

2) 환공桓公 : 노나라 제 15대 군주. 이름은 윤允. 재위 기간은 기원전 712년에서 기원전 694년까지이다. 공자 당시 노나라의 정권을 잡고 있던 삼환씨三桓氏, 즉 맹손孟孫·숙손叔孫·계손季孫의 세 집안은 모두 환공의 자손이다.

38 ─ 분양변괴 濆羊辨怪

출토된 분양을 알아보다

【원문】

魯季桓子穿井, 得土怪硬而若石, 有獸形, 使人問孔子. 孔子曰, 物各有怪, 土之怪曰濆羊, 此濆羊也.

노나라의 계환자季桓子가 우물을 파기 위해 땅을 파내려갈 때, 그곳에서 돌처럼 단단한 동물 모양의 흙덩어리가 출토되었다. 괴이하게 여긴 계환자는 사람을 시켜 공자에게 이것이 무엇인지를 물어보게 하였다. 공자는 이 물건을 보고 "세상 만물에는 각각 정령이 있고, 흙 속의 정령을 분양羵羊이라 하는데, 이것이 바로 분양인 것 같습니다"라고 하였다.

【역주】

1) 이 고사는 『공자가어』「변물」에 나오며, 『사기』「공자세가」에도 소개되어 있다.

2) 분양羵羊 : 땅속에 산다고 알려진 괴물로 양의 모습을 하고 있다.

39 — 배조우도拜胙遇塗

답례를 갔다가 돌아오는 길에 양화를 만나다

【원문】

陽貨欲見孔子, 孔子不見, 歸孔子豚. 孔子時其亡也, 而往拜之, 遇諸塗.
謂孔子曰, 來予與爾言曰, 懷其寶而迷其邦, 可謂仁乎, 曰, 不可, 好從
事而亟失時, 可謂智乎, 曰, 不可, 日月逝矣, 歲不我與, 孔子曰, 諾. 吾
將仕矣.

양화陽貨가 공자를 만나보고자 하였으나, 공자가 만나주지 않자 일부러 공자에게 삶은 돼지 한 마리를 선물로 보내왔다. 선물을 받은 공자는 직접 찾아가 답례를 하지 않을 수 없어 그가 집 안에 없을 때를 기다려 찾아갔는데, 돌아오는 길에 그만 양화와 마주치고 말았다. 이때 양화가 공자에게 이렇게 말하였다. "이리 오시오. 내 그대에게 할 말이 있습니다. 가진 재능을 발휘해 백성들을 편하게 하지 않는 사람을 어진 사람이라고 할 수 있겠습니까?" 공자는 "어진 사람이라고 할 수 없습니다"라고 대답하였다. 양화가 다시 "그렇다면 정치를 하고자 하면서도 여러 차례 그 기회를 놓쳐버리는 사람을 지혜롭다 할 수 있겠습니까?"라고 묻자 공자는 "지혜로운 사람이라고 할 수 없습니다"라고 대답하였다. 그러자 양화는 "세월은 빠르게 흘러가버리는 것이니, 일부러 사람을 기다려주지 않는 법입니다"라고 말하며 공자에게 출사出仕할 것을 은근히 강요하였다. 공자는 어쩔 수 없이 "그렇게 하지요. 곧 벼슬길에 나갈 것입니다"라고 대답하였다.

【역주】

1) 이 고사는 『논어論語』 「양화陽貨」에 기록되어 있다.

2) 양화陽貨 : 춘추 시대 노나라의 귀족이었던 계손季孫씨의 가신. 양호陽虎라고도 일컬어지며, 혹자는 그의 자字가 화貨라 하기도 한다. 일찍이 계환자季桓子를 가두고 협박하여 계환자의 또 다른 가신이었던 중양회仲梁懷 등의 세력을 축출하기도 하였고, 노나라의 정공定公과 삼환三桓의 세력을 암중 장악함으로써 노나라의 국정을 농락하기도 하였다. 그러나 노나라 정공 8년(기원전 502) 다른 삼환가의 가신들을 규합하여 삼환 세력을 제거하려다 실패한 후 제齊나라로 망명하였다. 뒤에 다시 송宋나라를 거쳐 진晉나라로 들어가 조간자趙簡子의 신하가 되었다. 그러나 한편에서는 양화와 양호가 서로 다른 인물이라는 주장도 있다.

40 ── 화행중도化行中都

중도재의 임무를 성실히 수행하다

【원문】

孔子爲中都宰, 制爲養生送死之節, 長幼異食, 疆弱異任. 男女別塗, 路不拾遺, 器不彫僞, 市不二價. 爲四寸之棺, 五寸之槨, 依丘陵爲墳, 不封不樹. 行之一年, 而四方諸侯則焉.

【해역】

공자가 중도재中都宰의 관직에 올라, 생활 예절과 장례 예절을 정비하고, 나이의 많고 적음에 따라 음식을 다르게 분배하며, 건강하고 유약함에 따라 일을 배분하였다. 남녀가 서로 다른 길로 다니도록 하고, 길거리에 떨어져 있는 물건은 주인이 아니면 줍지 않도록 하였으며, 그릇에 거짓된 그림을 그리지 못하게 하고, 장사를 하면서 남을 속이는 일이 없도록 하였다. 상례를 치를 때는 4촌의 관棺과 5촌의 곽槨을 사용하게 하였고, 구릉에 묘지를 마련하되 봉분을 하지 못하게 하였으며, 또한 무덤가에는 소나무와 잣나무를 심지 못하게 하였다. 일년 간에 걸쳐 이러한 정치를 시행하자, 사방에서 각 국의 제후들이 그 제도를 모방하였다.

【역주】

1) 이 고사는 『공자가어』 「상노相魯」에 나온다.

2) 중도재中都宰 : 중도中都는 노나라의 고을 이름으로 지금의 산동성山東省 문상현汶上縣 서쪽 지역이다. 재宰는 지방관의 칭호로서, 중도재란 곧 중도현의 현령에 해당하는 직책이다.

3) 곽槨 : 옛날에는 관을 이중으로 만들었다. 안의 것을 구柩, 혹은 관棺이라 하는데 이것을 다시 나무나 돌로 씌운 것을 곽槨이라고 한다. 구와 곽을 합하여 관으로 통칭하기도 한다.

41—경입공문敬入公門

경건한 모습으로 조정의 문을 들어서다

【원문】

入公門, 鞠躬如也, 如不容.

공자는 조정의 대문을 들어설 때에는 몸을 굽혀서(鞠躬) 들어갔는데, 마치 문이 자신을 받아들이지 않는 것처럼 하여 경건함을 다하였다.

【역주】

1) 이 고사는 『논어』 「향당鄕黨」에 나오며, 『사기』 「공자세가」에도 기록되어 있다.

2) 국궁鞠躬 : 몸을 굽혀 공처럼 둥글게 하는 것. 공경하고 삼가는 마음을 표현하는 것이다.

42 ─ 주소정묘誅少正卯

소정묘를 사형시키다

【원문】

魯定公十一年, 孔子由大司寇, 攝行相事七日, 誅亂政大夫少正卯, 於兩
觀之下. 子貢問其故, 孔子曰, 天下有大惡五, 竊盜不與焉. 心逆而險,
行僻而堅, 言僞而辯, 記醜而博, 順非而澤. 五者有一不免君子之誅, 少
正卯兼有之, 故不可赦也.

노나라 정공定公 11년(기원전 499), 공자는 대사구大司寇의 직위에 올라 정사를 관장하게 되었다. 공자는 재상의 업무를 수행한 지 7일 만에 그동안 노나라의 정치를 어지럽힌 죄를 물어 대부 소정묘少正卯를 양관兩觀 아래에서 처형하였다. 자공이 그를 사형시킨 이유를 묻자 공자는 다음과 같이 대답하였다. "천하에 가장 큰 죄악이 다섯 가지가 있으니 남의 물건을 훔치는 정도의 사소한 죄는 여기에 포함되지도 않는다. 첫째는 마음이 반역하고자 하는 위험한 생각을 하는 것이고, 둘째는 행동이 편벽되고 고집스러운 것이며, 셋째는 남을 속이는 거짓된 말과 변론을 하는 것이고, 넷째는 의리와 무관하게 가볍고 추한 것만 기억하고 잡다하게 아는 것이며, 다섯째는 그릇된 일만 따라서 하고 자신의 몸을 기름지게 하는 것이다. 높은 지위에 있는 사람으로서 이 다섯 가지 가운데 한 가지의 잘못만 범하더라도 죽음을 면하지 못할 것인데, 소정묘는 이 다섯 가지 잘못을 모두 저질렀으니 도저히 용서할 수 없었던 것이다."

【역주】

1) 이 고사는『공자가어』「시주始誅」에 나오며, 『사기』「공자세가」에도 간단하게 언급되어 있다. 하지만 「공자세가」에는 소정묘를 처형한 것이 정공 14년(기원전 497)의 일이라고 기록하고 있다.

2) 대사구大司寇 : 노나라에서 국가의 법 집행과 치안을 담당하던 벼슬 이름으로 현재의 법무장관이나 경찰청장에 해당한다. 공자가 대사구의 직위에 오른 것은 정공 10년(기원전 500)의 일이며, 원문의 정공 11년은 잘못된 기록이다.

3) 소정묘少正卯(?~기원전 496) : 춘추 시대 노나라의 대부. 소정少正에 대해 어떤 학자는 복성이라 하기도 하고, 어떤 학자들은 관직명이라 하기도 한다. 동한東漢 때의 왕충王充이 지은 『논형論衡』「강서講瑞」에는 소정묘와 공자가 동시대에 노나라에서 학문을 가르쳤다고 기록되어 있지만 그것을 입증할 만한 증거는 보이지 않는다.

4) 양관兩觀 : 노나라 궁궐의 이름.

43 — 협곡회제夾谷會齊

협곡에서 제나라와 노나라 군주가 회합을 가지다

【원문】

定公十年, 會齊侯於夾谷, 孔子攝相事. 獻酬禮畢, 齊有司請奏四方之
樂. 孔子進曰, 吾兩君爲好, 夷狄之樂何爲予, 此請却之. 又請奏宮中之
樂, 孔子進曰, 匹夫熒惑諸侯者, 誅請命有司加法焉, 景公慚懼.

노나라 정공定公 10년(기원전 500) 봄, 제齊와 노魯 두 나라의 군주가 협곡에서 만났는데, 이때 공자는 재상의 일을 집행하게 되었다. 두 나라의 군주가 단상에 올라가 서로 술잔을 돌리는 예를 끝마친 후에, 제나라의 유사有司가 악공들에게 미리 준비한 음악을 사방에서 연주하게 하고 그에 맞추어 군사들이 병장기를 들고 춤을 추게 하여 정공을 위협하였다. 그러자 공자가 앞으로 나서서 "두 나라의 군주가 모인 경사스러운 자리에서 오랑캐의 음악을 연주하는 것이 어찌 가당키나 한 일이겠습니까?"라고 진언함으로써 제나라의 경공景公이 음악 연주를 멈추고 군사들을 물리도록 하였다. 또 나중에는 제나라의 악공들이 '궁중의 음악'(宮中之樂)을 연주하며 광대와 배우들이 앞으로 나와 놀이를 벌이게 되었다. 공자는 또다시 앞으로 나서서 "필부가 감히 제후를 모욕하고 어지럽히다니 이는 도저히 용서할 수 없다"라고 말하고 유사에게 법을 집행하도록 하여 광대와 배우들의 손과 발을 잘라버리니 제나라 경공이 이를 보고 부끄럽고 두려운 마음이 들어 자리를 피해버렸다. 이러한 공자의 활약으로 노나라는 제나라와의 외교에서 커다란 승리를 거둘 수 있었다.

1) 이 고사는 『사기』「공자세가」에 나오며, 『공자가어』「상노相魯」에도 상세하게 기록되어 있다.

2) 유사有司 : 일을 관리하고 처리하는 사람을 일컫는 말.

3) 궁중지악宮中之樂 : 궁궐의 연회에서 사용하는 음악으로, 이 음악에 맞추어 광대가 재주를 넘고 배우들이 희극적인 분장을 하여 사람들의 웃음을 이끄는 것인데, 여기에서는 의도적으로 정공을 야유하고 비꼬기 위해 사용되었기 때문에 공자가 이들을 처벌한 것이다.

44 ─ 귀전사과歸田謝過

제나라가 토지를 돌려주며 사과하다

【원문】

夾谷旣會, 齊侯歸國責其臣曰, 魯以君子之道輔其君, 而子以夷狄之道教寡人, 使得罪於魯, 奈何. 有司對曰, 君子有過則, 謝以質, 小人有過則, 謝以文, 君若悔之則, 謝以質. 於是齊侯, 乃歸所侵魯之鄆讙龜陰之田以謝過.

협곡에서의 회합을 마치고 자기 나라로 돌아온 제나라 경공은 신하들을 꾸짖으며 "노나라는 군자의 도로써 군왕을 보필하는데 그대들은 오랑캐의 풍습으로 과인을 가르침으로써 노나라에게 허물을 얻도록 하였다. 이제 어떻게 할 것인가?"라고 하였다. 그러자 유사有司가 "군자는 허물이 있으면 실질적인 것으로 사과를 하고, 소인은 허물이 있으면 말로써만 사과를 한다고 하였으니 왕께서 허물에 대해 유감스럽게 생각하신다면 실질적인 것으로 사례를 하시는 것이 좋을 것입니다"라고 대답하였다. 그래서 제나라 경공은 예전에 노나라로부터 빼앗아 점령하고 있던 운鄆·연讙·구龜·음陰의 네 지역과 문양汶陽의 토지까지 노나라에 되돌려줌으로써 협곡에서의 일을 사과하였다.

【역주】

1) 이 고사는 『사기』「공자세가」에 나오며, 『공자가어』「상노相魯」에도 기록되어 있다.

2) 운鄆·연讙·구龜·음陰은 지금의 산동성山東省 제성현諸城縣 일대이며, 노나라와 제나라의 경계가 되는 지역이다.

45 — 예타삼도禮墮三都

예의 법도에 따라 세 곳의 성곽을 헐다

【원문】

孔子言於定公曰, 臣無藏甲, 大夫無百雉之城, 今三家過制請損之, 公曰, 然於是墮三都焉.

공자가 노나라의 정공에게 말하였다. "신하는 병기를 감출 수 없고, 대부는 일백 치雉의 성벽을 쌓을 수 없습니다. 그런데 계손씨와 맹손씨, 그리고 숙손씨의 성곽은 모두 이러한 규정을 넘어서고 있으니, 그 성곽을 헐어버리는 것이 옳습니다." 공자의 말을 들은 정공은 비費, 후郈, 성郕 세 곳의 성곽을 예법의 규정에 맞게 헐도록 하였다.

【역주】

1) 이 고사는 『사기史記』「공자세가孔子世家」에 나오며, 『공자가어孔子家語』 「상노相魯」에도 기록되어 있다.

2) 치雉 : 1치는 높이 열 자와 서른 자의 길이에 해당한다.

46—사부자송赦父子訟

부자 간의 소송을 해결하다

【원문】

孔子爲魯司寇, 有父子訟者, 同狴執之三月, 不別其父, 請止乃赦, 季孫
不悅, 孔子謂然嘆曰, 上失其道而殺其下, 非禮也, 不敎以孝而聽其獄,
是殺不辜也.

공자가 사구司寇의 벼슬에 있을 때, 부자 간에 소송을 제기하는 일이 발생했다. 공자가 그 아버지와 아들을 옥에 가두고, 3개월이 지나도록 거들떠보지 않자, 그 아버지 되는 이가 소송을 철회하였고, 공자는 그 부자를 사면하였다. 계손씨가 그 이야기를 전해 듣고 공자의 직무태만을 나무라자, 공자가 탄식하면서 "백성을 다스리는 자가 그 도리를 저버리고, 무고한 백성들을 죽이는 것은 예가 아니다. 효를 가르치지 않고, 부자 간의 소송을 처리하는 것은 바로 무고한 사람을 죽이는 것과 같다"라고 하였다.

【역주】

1) 이 고사는 『공자가어孔子家語』「시주始誅」에 나온다.

47 — 인번거노因膰去魯

제사 고기를 보내주지 않아 노나라를 떠나다

【원문】

齊人聞孔子爲政, 懼將霸, 用黎鉏計, 選女樂八十人, 衣紋衣舞康樂, 馬三十駟以遺魯君, 魯君爲周道遊觀, 怠於政事, 孔子猶不忍行以彰其過, 後因不致膰俎遂行.

공자가 노나라의 정치를 집행하게 되었다는 소식을 들은 제나라는 공자로 인해 노나라가 앞으로 강성해지지 않을까 두려워하였다. 그래서 여서黎鉏의 계책을 받아들여 아리따운 여악사 80명을 선발하여 비단옷을 입히고 즐거운 음악에 맞춰 춤을 추게 하였으며, 준마 30필을 노나라 왕에게 선물하였다. 이 계책이 성공하여 노나라 왕은 여악사들의 아리따운 자태와 화려한 선율에 심취하였고, 결국 국가의 정사에는 태만하게 되어 제대로 국정을 돌보지 않았다. 공자는 이러한 상황을 차마 보지 못하고 스스로 관직을 사양함으로써 군주의 잘못을 지적할 기회를 살피고 있었다. 어느 날 노나라 왕은 여악사들이 벌이는 연회에 빠져 분별력을 잃어버리고 하늘에 제사를 지냈음에도 불구하고 그 제사 고기를 여러 대신들에게 보내는 예법을 지키지 않으니, 이 일을 계기로 공자는 노나라의 관직을 사직하고 제자들과 함께 여러 나라를 주유하게 되었다.

【역주】

1) 이 고사는 『공자가어』 「자로초견子路初見」에 상세히 기록되어 있다.

2) 『공자가어』에는 여악사 80명과 준마 400필을 보낸 것으로 되어 있다.

3) 이때는 기원전 497년 공자 나이 56세였다. 사실 이 사건이 공자가 노나라를 떠나게 된 실제적인 이유는 아니었다.

48 — 의봉앙성儀封仰聖

봉지를 담당한 관리가 공자를 성인으로 추앙하다

【원문】

孔子適衛封人請見曰, 君子之至於斯也, 吾未嘗不得見也, 從者見之出曰, 二三者, 何患於喪乎, 天下之無道也久矣, 天將以夫子爲木鐸.

공자가 위나라에 이르렀을 때, 국가에서 내린 땅을 관리하는 관원이 와서 공자를 뵙기를 청하였다. 그는 "군자께서 우리 마을에 오셨을 때에 제가 그 분들을 뵙지 못한 적이 한번도 없었습니다"라고 청원하였고, 제자들의 안내로 공자를 만나 천하의 올바른 도리에 대한 배움을 얻었다. 그는 공자를 만나고 나온 후 공자의 제자들에게 다음과 같이 말하였다. "당신들은 선생님께서 세상의 지위를 잃어버리고 떠돌아다니는 것에 대해 걱정할 필요가 없을 것입니다. 세상에서 올바른 도가 사라져버린 지가 이미 오래되었기에 하늘이 공자를 보내 세상 사람들을 깨우치는 목탁木鐸으로 삼아서 올바른 도를 전파하고 사람들을 교화하도록 하신 것입니다."

【역주】

1) 이 고사는 『논어』「팔일八佾」에 나온다.

2) 목탁木鐸 : 몸체는 동銅이고 방울은 나무로 된 큰 종. 옛날 국가에서 중요한 정교政敎를 내릴 때 사람을 보내 각처에서 이 종을 흔들어 사람들을 모이게 한 뒤 그 내용을 듣게 했다. 이것은 공자가 천하를 주유하면서 가르침을 베푸는 것이 마치 길을 따라 목탁을 흔드는 것과 같음을 비유함으로써 그 가르침이 천하에 전하게 될 것임을 암시한 것이다.

49─영공교영靈公郊迎

위나라 영공이 교외에 나와 공자를 영접하다

【원문】

孔子至衛, 靈公喜而郊迎, 聞孔子居魯得粟六萬, 致粟亦如其數. 夫靈公
於孔子接遇, 以禮如此, 于是孔子於衛, 有際可之仕矣.

116

【해역】

공자가 위나라에 이르렀을 때, 위나라 영공靈公은 매우 기뻐하여 몸소 교郊 밖까지 나와 공자를 영접하였다. 그는 공자가 노나라에 있을 때 대략 육만 석의 봉록俸祿을 받았다는 소리를 듣고, 그와 똑같이 대우하여 국가의 재상으로 모시겠다고 약속하였다. 위나라 영공이 이처럼 극진한 예우를 다하면서 공자를 반갑게 맞이하자 공자는 위나라에서 자신의 정치적 포부를 실현할 기회를 얻을 수 있을 것이라고 생각하였다.

【역주】

1) 이 고사는 『사기』 「공자세가」에 짤막하게 언급되어 있다.

2) 교郊 : 교는 다시 근교近郊와 원교遠郊로 구분되는데 근교는 성으로부터 50리, 원교는 100리까지를 말한다. 보통 국내國內라고 하면 교까지를 말하며, 그 밖의 지역은 야野라고 하였다. 통상 교내郊內로 들어오는 것을 입국入國이라고 하였으며, 교외郊外까지 나와서 공자를 영접을 했다는 것은 실질적인 국가의 경계선을 의미하는 것으로 그만큼 극진한 예우를 보였음을 뜻한다.

50 — 적위격경適衛擊磬

위나라로 가는 도중에 경쇠를 연주하다

【원문】

孔子過蒲適衛, 與弟子擊磬. 有荷簣者, 過其門曰, 有心哉, 擊磬乎. 旣
而曰, 鄙哉, 硜硜乎, 莫己知也, 斯已而已矣. 深則厲, 淺則揭. 子曰, 果
乎, 末之難矣.

공자가 포주蒲州 땅을 떠나 위나라에 이르렀을 때 제자들을 모아 놓고 경쇠(악기 이름)를 연주했다. 마침 어깨에 광주리를 메고 대문 앞을 지나가던 사람이 그 소리를 듣고서 "경쇠를 연주하는 사람은 천하를 마음에 담고 있으니 그 뜻이 매우 깊구나"라고 하였다. 그러고 나서 다시 경쇠 소리를 한 번 더 듣더니 "저 딱딱한 소리는 너무나도 어리석구나! 사람들이 자기를 몰라주면 그만두면 될 것이 아닌가! 옛말에도 '물이 깊으면 옷을 입고 강을 건너고(厲), 물이 얕으면 바지춤을 걷어 올리고 건너간다(揭)' 하지 않았던가!"라고 탄식하였다. 이 말을 전해 듣고 공자는 "과감하게 세상을 잊고 살아가는구나! 그렇게 산다면 어려울 것이 없겠구나!"라고 하였다.

【역주】

1) 이 고사는 『논어』 「헌문憲問」에 나오는데, 『사기』 「공자세가」에도 짤막하게 언급되어 있다.

2) 포주蒲州 : 현재의 하남성河南省 장원현長垣縣 지역에 있던 마을 이름.

3) '려厲'는 옷을 입은 채로 물을 건너는 것을 말하고, '계揭'는 바지를 걷고 물을 건너는 것을 말한다. 이 구절은 『시경詩經』 「위풍衛風」에 있는데, 남이 알아주지 않는데도 그만두지 못하는 공자의 태도를 보고 옛시에 비유하여 힐난한 것이다.

51—광인해위匡人解圍

광 지역의 사람들이 포위망을 풀다

【원문】

孔子去衛適陳過匡, 陽虎嘗暴於匡, 孔子狀類陽虎, 匡人拘圍五日, 弟子
懼孔子曰, 文王旣沒, 文不在玆乎, 匡人其如予何, 匡人曰, 吾初以爲魯
之陽虎也, 遂解圍.

공자가 위衛나라를 떠나 진陳나라에 이르렀을 때, 광匡이라는 지역을 지나게 되었다. 일찍이 양호陽虎가 광 지역의 사람들에게 난폭한 행위를 했었는데, 마침 공자의 모습이 양호와 닮았기 때문에 광 지역의 사람들은 공자를 양호로 착각하고는 5일 간이나 공자의 행렬을 포위하고서 지나가지 못하게 하였다. 제자들이 위해 당할 것을 두려워하자 공자는 "주나라 문왕께서 이미 돌아가신 후에는 도덕 문화(文)가 여기 나에게 있지 아니한가? 하늘이 이 문화가 사라지는 것을 바라지 않는데 어찌 광 지역의 사람들이 나를 해칠 수 있겠는가?"라고 하였다. 그 후 광 지역의 사람들은 이것이 잘못된 오해에서 비롯되었음을 알고, "우리가 처음에는 선생님께서 노나라의 양호인 줄로 잘못 알았습니다"라고 사과하며 공자 일행에 대한 포위를 풀었다.

【역주】

1) 이 고사는 『사기』 「공자세가」에 나오며, 『논어』 「자한子罕」에도 기록되어 있다. 그러나 『공자가어』 「곤서困誓」에는 이 상황에 대해 조금 다르게 설명하고 있다.

2) 광匡 : 춘추 시대 위나라의 읍邑으로, 현재의 하남성河南省 장원현長垣縣 지역이다.

3) 양호陽虎 : 춘추 시대 노魯나라 계손씨季孫氏의 가신家臣이었으나 후일 반란을 일으켜 노나라의 실권을 장악하였다. 『논어』에 나오는 양화陽貨와 동일인이라는 설이 일반적이지만 서로 다른 인물이라는 주장도 있다.

4) 문文 : 예악 제도 등 주나라의 도덕 문화를 의미한다.

52 ─ 영공문진靈公問陣

영공이 공자에게 군사의 배치를 묻다

哀公二年, 孔子自陳返衛. 靈公問陳, 子曰, 軍旅之事未之學也. 明日與
之語, 公仰視飛雁, 孔子見其色不在, 遂行復如陳.

노魯나라 애공哀公 2년(기원전 493) 공자는 진陳나라를 떠나 다시 위衛나라로
갔다. 위나라 영공靈公이 공자에게 군사를 어떻게 배치해야 하는지를 묻자 공
자는 "저는 예의에 관한 일은 일찍이 들은 바가 있습니다만, 군사를 배치하고
운용하는 일(軍旅之事)에 대해서는 배운 바가 없습니다"라고 대답하였다. 다음
날 다시 두 사람이 이야기를 하고 있었는데, 마침 하늘 위로 기러기가 떼를 지
어 날아가고 있었다. 그런데 위나라 영공은 이것을 보고도 얼굴에 기뻐하는 빛
을 보이지 않았다. 그러자 공자는 영공이 자기를 등용할 뜻이 없음을 알고 위나
라를 떠나 다시 진나라로 되돌아갔다.

【역주】

1) 이 고사는 『사기』「공자세가」에 기록되어 있으며, 『논어』「위령공衛靈公」에
도 부분적으로 소개되어 있다.

2) 군여지사軍旅之事 : 전쟁의 상황에 따라 군대를 배치하고 운용하는 방법을
말함. 군軍과 여旅는 고대 군대의 편제인데, 1군은 12500명이고 1여는 500
명이다.

53 ── 추차동거醜次同車

수레를 타고 영공의 뒤를 따르는 것을 부끄러워하다

【원문】

孔子自蒲反乎衛, 主蘧伯玉家, 靈公與夫人同車, 使孔子爲次乘, 孔子
曰, 吾未見好德如好色者也, 去之.

공자는 포주蒲州 땅을 지나 위衛나라로 되돌아가서 거백옥蘧伯玉의 집에 머물고 있었다. 어느 날 위나라 영공靈公이 그의 부인과 함께 수레를 타고 유람을 나왔는데, 공자로 하여금 뒤의 마차를 타고 자기를 따르게 하고는 거리를 지나갔다. 공자는 이러한 상황을 매우 부끄러워하면서 "예쁜 여자를 좋아하는 것과 같이 훌륭한 덕을 좋아하는 사람을 나는 아직도 만나지 못했구나!"라고 탄식하고는 곧 위나라를 떠나버렸다.

1) 이 고사는 『사기』「공자세가」에 기록되어 있으며, 『공자가어』「칠십이제자해七十二弟子解」에도 간략하게 소개되어 있다.

2) 포주蒲州 : 지금의 산서성山西省 영제현永濟縣 서쪽에 있던 마을 이름.

3) 거백옥蘧伯玉 : 춘추 시대 위衛나라의 대부. 이름은 원瑗이고 시호諡號는 성자成子이다. 공자가 공경하고 가르침을 받았던 인물로 전한다.

54 서하반가西河返駕

서하에서 수레의 방향을 돌리다

【원문】

孔子自衛入晉, 至於河滸, 聞竇鳴犢舜華之死也, 臨河而嘆曰, 美哉, 水洋洋乎, 丘之不濟, 此命也, 竇鳴犢舜華賢大夫也, 趙簡子未得志, 須此兩人而後從政, 及其已得志殺之, 夫鳥獸之於不義也, 尙知避之而, 況人乎, 乃還.

공자가 조간자趙簡子의 초청을 받아 진晉나라를 향해 가다가 도중에 황하에 이르렀을 때, 진나라의 어진 신하로 평판이 높았던 두명독竇鳴犢과 순화舜華가 죽었다는 소식을 듣고 유유히 흐르는 황하를 바라보며 다음과 같이 탄식하였다. "참으로 아름답구나, 넓고 넓은 황하의 물결이여! 내가 지금 황하를 건너지 못하는 것은 나의 운명이로구나! 두명독과 순화 두 사람은 모두 진나라의 현명한 대부였으니, 조간자가 권력을 얻기 전에는 모름지기 이 두 사람의 말을 들은 후에야 정치를 시행했는데, 이제 조간자가 정권을 장악하자 그의 손에 죽임을 당하였구나. 무릇 하찮은 짐승들도 정의롭지 못한 기미를 느끼면 피해야 하는 것을 아는데, 하물며 사람이 어찌 피하지 않을 수 있겠는가?" 그리고는 다시 수레를 돌려 위나라로 되돌아가고 말았다.

【역주】_____

1) 이 고사는 『사기』「공자세가」와 『공자가어』「곤서困誓」에 나온다.

2) 조간자趙簡子 : 춘추 말기 진晉나라의 정경正卿. 이름은 앙鞅이고 시호諡號는 간簡으로, 조간자趙簡子라 칭하기도 한다.

3) 하찮은 짐승도 올바르지 못한 일이 있으면 피해버린다는 말은 곧 난폭한 군주에게는 현명하고 어진 신하가 따를 수 없음을 비유한 말이다.

55 — 탈참관인脫驂館人

수레를 끌던 말을 상가에 보내 죽음을 애도하다

【원문】

孔子之衛, 遇舊館人之喪, 入哭之哀, 出命子貢, 脫驂以賻之.

공자가 위나라로 가는 도중에 옛날 자기가 머무른 적이 있었던 관사의 관리가 얼마 전에 세상을 떠났음을 알았다. 공자는 곧바로 그 관리의 집으로 가서 곡을 하고 배례를 행하였는데, 시종 매우 안타깝고 슬퍼하는 표정을 지었다. 문상을 끝내고 밖으로 나온 공자는 제자인 자공子貢에게 명하여 자기가 타고 온 수레를 끌던 말 가운데 한 필을 보내 장례 비용에 보태도록 하였다.

【역주】

1) 이 고사는 『공자가어』 「곡례자하문曲禮子夏問」에 나온다.

56 ─ 송인벌목宋人伐木

송나라 사람들이 공자가 쉬고 있던 나무를 베어버리다

【원문】

孔子去曹過宋, 與弟子習禮大樹下, 宋司馬桓魋欲害之, 拔其樹. 弟子
曰, 可以去矣, 孔子曰, 天生德於予, 桓魋其如予何.

공자가 조曺나라로 가는 도중에 송宋나라를 지나게 되었는데, 어느 날 제자들과 함께 큰 나무 아래에서 예법을 익히고 있었다. 그때 송나라 사마司馬(벼슬이름)인 환퇴桓魋가 공자를 죽이려고 사람들을 시켜서 공자가 쉬고 있던 나무를 베어버리게 하였다. 이에 다급해진 제자들이 공자에게 빨리 몸을 피해야 한다고 간청하자 공자가 다음과 같이 말하였다. "하늘이 나에게 크나큰 덕을 내려주었는데, 환퇴 따위가 감히 나를 어찌할 수 있겠는가?"

【역주】

1) 이 고사는 『사기』「공자세가」에도 나오고 『논어』에도 기록되어 있으며, 『공자가어』「곤서困誓」에서도 간략하게 언급하고 있다.

2) 환퇴桓魋 : 춘추 시대 송宋나라의 사마司馬. 본명은 향퇴向魋이지만, 그가 송나라 환공桓公의 후손이어서 환퇴라고 하였다.

57 — 충신제수忠信濟水

최선을 다하는 마음과 할 수 있다는 믿음으로 황하를 건너다

【원문】

孔子于河梁憩駕, 有懸水三十仞圜濟九十里, 魚鱉不能居, 有一丈夫遂渡而出. 孔子問曰, 巧乎, 有道術乎, 能入而復出也. 對曰, 吾以忠信所以, 能入而復出也. 孔子謂弟子曰, 二三者識之, 水且猶可以忠信濟, 而況人乎.

공자는 위衛나라에서 노魯나라로 돌아오는 길에 다리 위에서 잠시 마차를 세우고 황하를 굽어보고 있었다. 그곳은 물의 깊이가 30인이나 되고, 또한 둘레가 90리에 이르는 세찬 급류가 휘몰아치는 곳이어서 물고기나 큰 자라도 살 수 없는 곳이었다. 그런데 마침 어떤 한 사람이 급류를 헤치고 유유히 헤엄쳐서 강을 건너고 있었다. 공자는 그에게 다가가 "대단하십니다. 선생께서는 어떤 도술이 있기에 물고기조차 살 수 없는 곳에서도 헤엄쳐서 강을 건널 수 있는 것입니까?"라고 물었다. 그러자 그 사람은 "나는 최선을 다한다는 마음(忠)과 할 수 있다는 믿음(信)을 가지고 있을 뿐입니다. 그것만으로도 충분히 강물을 건널 수 있었습니다"라고 대답하였다. 이 말을 듣고 공자는 제자들에게 이렇게 말하였다. "너희들도 반드시 이 말을 기억해두어라. 마음속에 충과 신을 품고 있으면 황하를 건너기도 하는데, 하물며 사람의 일에 대해서야 말할 것이 있겠느냐?"

【역주】

1) 이 고사는 『공자가어』 「치사致思」에 나온다.

2) 인仞 : 강물이나 바닷물의 깊이를 재는 단위로 1인은 약 1.83m이다.

58 — 호시관준楛矢貫隼

싸리나무 화살에 맞은 매가 날아와 죽다

【원문】

孔子在陳主司城貞子家歲, 餘有準集於陳庭而死楛矢貫之. 石楛矢長
尺有咫, 陳湣公問孔子對曰, 準來遠矣, 此肅愼之矢也, 昔武王克商, 分
陳以肅愼之矢, 試求之, 故府果得之.

공자가 진陳나라에 머물렀을 때, 사성정자司城貞子의 집에 일 년이 넘게 머무르고 있었는데, 어느 날 새매 한 마리가 진나라의 조정에 날아와 죽었다. 그 매에는 싸리나무로 대를 만들고 돌을 깎아 촉을 만든 화살(楛矢)이 꽂혀 있었는데, 길이가 한 자 여덟 치나 되었다. 진나라 민공潛公이 사람을 시켜 공자에게 죽은 매를 보내면서 이 일에 대해 물었다. 그러자 공자는 "이것은 바로 숙신肅愼이 쓰던 화살입니다. 옛날 무왕이 상商나라(殷나라)를 정벌하고 사방의 오랑캐로부터 조공을 받을 때 숙신에게서 이 화살을 받았는데, 나중에 이 화살을 호공胡公에게 주면서 진陳나라에 봉하였습니다. 옛 문서를 찾아보면 이런 사실이 있음을 알 것입니다"라고 하였다. 민공이 사람을 시켜 찾아보게 하였더니 과연 진나라의 왕실 창고에도 이것과 같은 화살이 있었다.

【역주】

1) 이 고사는 『사기』「공자세가」에 나오며, 『공자가어』「변물辯物」에도 기록되어 있는데, 내용이 조금 다르다.

2) 호시楛矢 : 광대싸리로 만든 화살로서 길이가 1자 8치(54.54㎝)이며, 살촉은 백두산에서 산출되는 흑요석(黑曜石)으로 만들었다.

3) 숙신肅愼 : 옛날 중국 북방에 살던 퉁구스족. 나중에 고구려에 병합되었다.

59—미복과송微服過宋

허름한 옷을 입고 송나라를 지나다

【원문】

孔子去宋適鄭, 弟子相失, 孔子獨立郭東門. 鄭人謂子貢曰, 東門有人,
其顙似堯, 其項似皋陶, 其肩類子産, 自腰以下不及禹三寸, 纍纍然, 若
喪家之狗. 子貢以告, 孔子笑曰, 形狀末也, 喪家之狗, 然哉然哉.

공자가 송宋나라를 떠나 정鄭나라로 가던 도중에 제자들과 떨어져서 동쪽 성문 아래에 혼자 서 있게 되었다. 어떤 정나라 사람이 자공子貢에게 말하기를 "동문 근처에 어떤 사람이 서 있는데, 이마가 높고 넓어서 요堯임금과 같고, 목덜미는 고요皐陶처럼 생겼으며, 어깨는 자산子産과 같고, 허리 아래는 우禹임금에 비해 겨우 세 치가 짧을 뿐이었소. 이 사람이 낭패하여 어정쩡하게 있는 모습이 마치 상갓집 개(喪家之狗)처럼 보였소"라고 하였다. 나중에 자공이 공자를 다시 만나서 이 말을 전하자 공자는 "내 형상이 옛날의 성현들과 닮았다고 할 수는 없겠으나 상갓집 개와 같다는 말은 참으로 그럴 듯하구나"라고 하였다.

【역주】

1) 이 고사는 『사기』 「공자세가」에 나오며, 『공자가어』 「곤서困誓」에도 기록되어 있다.

2) 고요皐陶 : 순舜임금의 신하. 동이족으로 산동성 곡부에서 태어났다는 설이 있다. 순임금 밑에서는 형정刑政을 관리하였고, 다시 우禹임금 밑에서는 치수治水의 공을 인정받아 우임금이 그 왕위를 양위하려 하였으나 일찍 사망하였다.

3) 자산子産(기원전 580~기원전 522) : 춘추 시대의 정치가, 사상가. 이름은 공손교公孫僑이며, 자字는 자산, 혹은 자미子美이고, 시호諡號는 성자成子이다. 동리東里(현재의 河南省 鄭州)라는 마을에 살았기 때문에 동리자산東里子産이라 불리기도 하였다. 정鄭나라 간공簡公과 정공定公 재위 기간 약 22년 동안 집정하였다.

4) 상갓집 개(喪家之狗) : 상갓집 개는 그 주인이 경황이 없어 주인의 보살핌을 받지 못한다. 이것은 공자가 난세를 만났기 때문에 그의 이상을 받아줄 군주를 찾지 못하고 있음을 비유한 말이다.

60 — 오승종유五乘從游

공양유가 다섯 채의 수레를 끌고 공자를 따르다

【원문】

孔子自陳過蒲, 會公叔氏, 以蒲畔止之. 弟子有公良孺者, 私車五乘從
曰, 吾昔從夫子, 遇難於匡, 今又遇難于此, 命也已, 吾與夫子再罹難,
寧鬪而死. 鬪甚疾, 蒲人懼, 孔子得適衛.

공자가 진陳나라에서 위衛나라로 가기 위해 포蒲 지역을 지날 때, 공숙씨公叔氏의 반란군과 마주치게 되었는데, 그들은 공자의 일행을 가로막고 그곳을 지나지 못하게 하였다. 이때 마침 공양유公良孺라는 제자가 자기 수레 다섯 채를 끌고 와서 공자를 수행하고 있었는데, 그는 "옛날에 내가 선생님을 따라 광匡 지역에 갔을 때 환란을 당하였는데, 지금 다시 이곳에서 이런 환란을 당하니 이것이 내 운명인가보다. 내가 선생님을 모시고 두 번이나 이런 환란을 당하느니 차라리 나가서 싸우다가 죽는 것이 더 낫겠다"라고 말하고는 용감하게 앞으로 나서서 싸우고자 하였다. 이 모습을 본 포 지역의 사람들은 겁이 나서 길을 비켜 주었고, 공자는 무사하게 포 지역을 지나서 위나라에 도달하게 되었다.

【역주】

1) 이 고사는 『사기』 「공자세가」에 나오며, 『공자가어』 「곤서困誓」에도 기록되어 있다.

2) 공숙씨公叔氏 : 위衛나라의 대부. 뒤에 위나라를 배반하고 반란을 일으킴.

3) 공양유公良孺 : 공자의 제자. 성은 임任이고, 이름은 부제不齊, 자字는 선選이다. 춘추 말기 초楚나라 사람이다.

4) 광匡 지역에서 환란을 당하였다는 것은 공자가 광 지역의 사람들에게 양호陽虎로 오인되어 5일 간이나 포위를 당한 일을 말한다. 51항 '광인해위匡人解圍' 참조.

5) 포蒲 지역 사람들은 공자에게 위나라로 가지 않겠다는 약속을 받고 길을 열어 주었으나 공자는 이 약속을 지키지 않고 위나라로 갔다. 자공이 이것은 신의를 저버린 행동이 아닌가를 묻자 공자는 그들이 의리義理에 합당하지 않은 것으로 약속을 강요했으므로 이런 경우의 약속은 지킬 필요가 없다고 대답했다.

61 — 자로문진子路問津

자로를 보내 나루터를 물어보다

【원문】

哀公四年, 孔子如葉反乎蔡. 忘其濟渡處, 見長沮桀溺耦而耕, 使子路問
津焉, 日, 滔滔者, 天下皆是也, 而誰以易之, 且而與其從避人之士也,
豈若從避世之士哉, 耰而不輟.

노魯나라 애공哀公 4년(기원전 491) 공자 일행은 엽葉 땅을 떠나 채蔡나라로 되돌아가고 있었다. 황하를 건널 수 있는 나루터가 어디인지를 몰라서 강을 따라 내려가다가 강변에서 밭을 갈고 있는 장저長沮와 걸익桀溺을 만났는데 공자는 자로를 시켜 그들에게 나루터가 어디에 있는지를 물어보게 하였다. 그러자 그들은 자로에게 "천하가 어지러워 도도한 흐름이 홍수와 같은데, 누가 그것들을 바로잡을 수 있겠는가? 무도한 군왕을 피해 다니는 사람을 따르는 것이 어찌 무도한 세상으로부터 도피한 사람을 따르는 것만 하겠는가?"라고 말하고는 계속해서 밭을 갈았다.

【역주】

1) 이 고사는 『사기』 「공자세가」에 나오며, 『논어』 「미자微子」에도 소개되어 있다.

2) 『사기』와 『논어』에는 이 부분에 뒤이어 "새와 짐승은 함께 모여 살 수 없으니 내가 이 세상 사람들과 더불어 살지 않으면 누구와 더불어 살겠는가! 천하에 도가 행해지고 있다면 내가 구태여 바로잡으려 하지도 않았을 것이다"라는 공자의 말이 나온다.

3) 장저長沮와 걸익桀溺은 모두 춘추 시대의 은자隱者로서 도가 계열에 속하는 사람들이다.

62 ─ 능양파역陵陽罷役

능양대를 짓는 공사를 그만두게 하다

【원문】
___

陳侯起陵陽臺, 未畢而死者數十人, 又執三監吏將殺之. 孔子旣見陳侯
與登而觀之, 侯曰, 昔周作靈臺, 亦戮人乎. 對曰, 文王興作, 民如子來,
何戮之有. 陳侯慙, 遂釋而罷興作.

　　진陳나라 제후가 능양대陵陽臺라는 전각을 짓고자 하였는데, 시일이 오래 지
나도록 공사의 진척이 없었으므로 일의 책임을 물어 수십 명의 인부를 죽이고,
또한 아울러 공사를 감독한 세 명의 관리를 참수하고자 하였다. 진나라 제후가
공자와 함께 공사 중인 능양대를 둘러보다가 공자에게 "옛날 주周나라 황실에
서 영대靈臺를 건축했을 때도 마찬가지로 사람들을 죽였습니까?"라고 물었다.
그러자 공자는 "문왕文王이 영대를 세울 때는 어린아이에서부터 나이든 사람
에 이르기까지 모두가 움직일 수만 있으면 서로 나와서 일을 하고자 하였는데,
어찌 사람을 죽일 필요가 있었겠습니까?"라고 하였다. 이 말을 들은 진나라 제
후는 크게 뉘우쳐 감옥에 가둔 관리들을 풀어주고, 능양대 공사를 그만두도록
하였다.

【역주】

1) 이 고사는 『공총자孔叢子』 「가언嘉言」에 나온다.

63 — 지노묘재知魯廟災

노나라 종묘에 화재가 일어났음을 알다

【원문】

孔子在陳, 陳侯就燕之子游. 聞路人云, 魯司鐸哭及宗廟以告, 孔子曰,
災必桓釐乎, 陳侯曰, 何以知之, 曰, 禮云, 祖有功宗有德, 故不毁其廟
焉, 夫桓釐功德不足以存其廟, 而魯不毁, 是以天災加之. 旣而魯使果以
桓釐報災, 陳侯謂子貢曰, 吾今乃知聖人之可貴.

공자가 진나라에 있을 때 진후陳侯가 공자를 찾아와 함께 한가롭게 거리를 거닐고 있었다. 이때 어떤 길가의 행인이 노나라의 사탁司鐸에 화재가 발생하고 그 불길이 종묘까지 번져서 모두 불타버렸다고 말하는 것을 들었다. 이 말을 들은 공자는 "불타버린 종묘는 반드시 환공桓公과 리공釐公의 종묘일 것이다"라고 하였다. 진후가 그것을 어찌 아느냐고 묻자 공자는 "『주례周禮』에서 이르기를 공功이 있는 임금은 조祖라 하고, 덕德이 있는 임금은 종宗이라 하는데, 이처럼 공덕이 있는 임금은 종묘를 세우고 그것을 허물 수 없다고 하였습니다. 하지만 환공과 리공은 그 공덕이 부족하면서도 종묘를 세우고 허물지 않으니 하늘이 재앙을 내린 것입니다"라고 대답하였다. 뒤에 노나라의 사신이 도착하여 그 자초지종을 전하는데, 불타버린 종묘는 과연 환공과 리공의 종묘였다. 그러자 진후는 자공子貢에게 "나는 이제야 성인의 식견이 얼마나 뛰어난 것인지를 알 것 같습니다"라고 하였다.

【역주】

1) 이 고사는 『사기史記』 「공자세가孔子世家」에 나오며, 『공자가어孔子家語』 「육본六本」과 「변물辯物」, 『설원說苑』 「권모權謀」 등에도 기록되어 있다. 그러나 『공자가어』 「육본」과 『설원』 「권모」에는 공자가 제齊나라에 머무르고 있을 때 종묘가 불탄 소식을 들은 것으로 기록되어 있다.

2) 진후陳侯 : 진陳나라의 군수로 여기서는 민공閔公을 가리킨다.

3) 사탁司鐸 : 관청의 이름.

64──자문금간紫文金簡

붉은 새가 자줏빛 문양이 새겨진 황금 죽간을 물고 오다

【원문】

梁王閒居, 有赤雀啣紫文金簡, 置殿前, 不知其義, 使人問孔子. 孔子答
之曰, 此乃靈寶, 方禹嘗服之, 禹將仙紀封之石山, 石函之中, 今赤雀啣
至殆天授也.

양梁나라 왕이 궁궐에서 쉬고 있을 때, 붉은 새 한 마리가 입에 자줏빛 꽃무늬
가 새겨진 황금 죽간을 물고 날아와서 왕의 앞에 내려놓았다. 왕은 이것이 무엇
을 의미하는지 알 수 없었으므로 사람을 보내어 공자에게 물어보게 하였다. 공
자는 탄식하면서 "이것은 신령스러운 보배로서 옛날 우禹임금이 허리에 차고
있었던 것입니다. 우임금이 세상을 떠나실 때 이것을 석갑에 넣어 돌산에 묻어
두었다고 하는데, 이제 붉은 새가 입으로 물고 왔으니 이것은 위태로운 일이 일
어날 것을 하늘이 경고하는 것입니다"라고 하였다.

【역주】

1) 『공자가어孔子家語』, 『논어論語』, 『사기史記』 「공자세가孔子世家」와 「중니제
　　자열전仲尼弟子列傳」 등에서는 이 고사에 관한 기록이 보이지 않는다.

65 — 재진절양在陳絶糧

진나라에서 식량이 떨어지다

【원문】

楚使人聘孔子, 子欲往, 陳蔡大夫謀曰, 孔子用於楚, 則陳蔡危矣, 相與
發徒圍之, 絶糧從者病莫能興, 孔子絃誦不衰, 于是子貢使楚昭王, 興師
迎孔子, 然後免.

초楚나라 소왕昭王이 사람을 보내어 공자를 초빙하였는데, 공자는 이를 수락하여 초나라로 가고 있었다. 그런데 초나라로 가기 위해서는 반드시 진陳나라와 채蔡나라를 지나가야만 했다. 진나라와 채나라의 대신들은 공자가 초나라에 등용되면 반드시 초나라가 강국이 되어 상대적으로 진나라와 채나라가 위태로워질 것이라고 생각하고는 군사를 보내 공자 일행을 포위하고 길을 막았다. 식량이 완전히 떨어지고 제자들도 병에 걸려서 모두가 위태로운 지경에 이르게 되었는데, 공자는 오히려 태연한 안색으로 계속해서 시를 읊고 거문고를 연주하였다. 나중에 자공子貢이 초나라에 가서 이 사실을 알리자 초나라 소왕이 스승을 모시는 예우로 공자를 영접하러 나왔는데, 그때서야 겨우 이 환란을 면할 수 있었다.

【역주】

1) 이 고사는 『사기』 「공자세가」에 나오며, 『공자가어』 「재액在厄」에도 기록되어 있다.

2) 소왕昭王(?~기원전 489) : 춘추 시대 초나라의 군주. 이름은 진珍이며, 초나라 평왕平王의 아들이다. 그의 재위 기간은 기원전 515년에서 기원전 489년까지이다.

66 — 수어치제受魚致祭

물고기를 선물받고 제사를 올리다

【원문】

孔子適楚, 漁人獻魚不受, 漁人曰, 天暑必棄之, 不如獻之君子. 于是再拜受之, 使弟子掃地享祭. 門人曰, 役將棄之, 夫子祭之何也, 子曰, 吾聞惜其腐餘, 而欲以務施者, 仁人之偶也, 惡有受人之饋, 而不祭者乎.

공자가 초楚나라에 이르렀을 때, 어부 한 사람이 물고기를 가지고 왔는데, 공자는 이를 받지 않았다. 그러자 어부가 "날씨가 너무 덥기 때문에 물고기가 쉽게 상해서 조금만 있으면 내버려야 할 것 같습니다. 그럴 바에는 군자에게 드리는 것이 더 낫겠습니다"라고 하였다. 공자는 이 말을 듣고 두 번 절하고는 고기를 받아들고 제자들에게 주위를 정리하게 한 후 제사를 지냈다. 어부가 버리려는 물고기를 공자가 왜 이처럼 소중하게 생각하는지 제자들이 이해하지 못하고 "버리려고 했던 하찮은 것을 가지고 선생님께서 제사를 지내시는 이유가 무엇입니까?"라고 물었다. 그러자 공자는 "나는 썩혀서 버리는 것을 안타깝게 여겨 남는 것을 다른 사람에게 베풀어주는 것은 어진 사람의 행동이라고 알고 있다. 어찌 어진 사람이 주는 것을 소중하게 받아서 제사를 지내지 않을 수 있겠는가?"라고 대답하였다.

【역주】

1) 이 고사는 『공자가어』 「치사致思」에 나온다.

67 — 제계찰묘題季札墓

계찰의 묘비에 묘제를 쓰다

【원문】
_____

季札吳王壽夢幼子也, 能讓國. 昭公二十七年, 吳使聘齊, 其子死. 旅葬
嬴博間. 孔子往觀之, 嘉其通旅葬之節, 通幽明之故, 曰, 延陵季子其合
禮矣. 及札卒孔子遊吳時過其墓, 題曰, 延陵季子之墓.

계찰季札은 오吳나라 왕 수몽壽夢의 막내아들로서, 그 풍모가 국가의 왕위를 물려받을 만하였다. 소공昭公 27년(기원전 515) 계찰이 오나라의 사신으로 제齊나라에 갔다 오는 도중에 그의 아들이 죽었다. 이에 그는 여행하는 도중에 치르는 장례의 예법에 따라 아들을 영嬴 지역과 박博 지역의 사이에 묻었다. 마침 공자가 그곳을 지나다가 장례에 참석하였는데, 장례의 규범은 물론이고 삶과 죽음의 이치(幽明之故)를 잘 이해하고 있다고 계찰을 칭송하면서 "연릉계자延陵季子는 예에 합당한 행동을 보였다"고 말하였다. 후일 계찰이 죽은 후에 공자는 오나라를 여행하면서 그의 묘를 지나게 되었는데, 이때 계찰의 묘에다가 '연릉계자지묘延陵季子之墓'라는 묘제墓題를 써주었다.

【역주】

1) 이 고사는 『공자가어』「곡례자공문曲禮子貢問」에 나온다.

2) 『공자가어』의 기록에 따르면, 계찰이 제나라에 초빙되어 갔다가 오는 길에 아들이 죽었다고 한다.

3) 계찰季札 : 오吳나라의 공자公子.

4) 유명지고幽明之故 : 원래는 『주역周易』「계사전상繫辭傳上」에 나오는 말로, '유幽'는 무형적인 것을 의미하고, '명明'은 현상적으로 드러난 것을 말한다. 사람에게 있어서는 삶과 죽음으로 대치될 수 있는 말이다.

68 초광접여楚狂接興

초나라 광인 접여가 노래를 하다

【원문】

楚狂接興. 歌而過孔子曰,

鳳兮鳳兮,

何德之衰.

往者不可諫,

來者猶可追,

已而已而,

今之從政者殆而.

孔子下, 欲與之言, 趨而避之, 不得與之言.

【해역】

초楚나라에 접여接興라고 불리는 미친 사람이 있었다. 어느 날 그가 노래를 흥얼거리며 공자의 곁을 지나갔는데, 그 노래의 내용은 다음과 같다.

봉황아 봉황아.
너는 어찌 이리 쇠한 꼴이 되었느냐?
지난날이야 돌이킬 수 없지만,
앞으로 다가올 날들은 더 이상 혼미하지 않으리니.
그만두어라, 그만두어라.
지금의 정치하는 사람들은 모두 위태로울 따름이다.

이 노래를 들은 공자는 수레에서 내려 그와 대화하고자 하였으나, 접여가 공자를 급하게 피해 가는 바람에 아무런 이야기도 할 수 없었다.

【역주】

1) 이 고사는 『논어』「미자微子」에 나오며, 『사기』「공자세가」에도 기록되어 있다.

2) 접여接興 : 생졸 연대는 미상이나 춘추 말기의 초楚나라 사람이다. 위진魏晉 시기 황보밀皇甫謐이 쓴 『고사전高士傳』에 따르면, 그의 성은 육陸이고 이름은 통通이라 하였다. 그의 자字가 접여인데, 학술이 높고 식견이 뛰어나 초나라 왕이 그를 재상으로 삼으려 하였다. 하지만 그는 짐짓 미친 척을 하면서 벼슬길에 나아가지 않고 끝까지 은자隱者의 길을 걸었다. 『장자莊子』「인간세人間世」에도 그에 관한 기록이 있으며, 내용은 『논어』와 유사하다.

69—과포찬정過蒲贊政

포 지역에 이르러 자로의 정치를 칭찬하다

【원문】

子路治蒲, 孔子入其境, 三稱其善, 子貢問曰, 未見其政, 何以知之, 曰,
入其境, 田疇易草萊辟溝洫, 治恭敬以信民盡力矣, 入其邑, 墻屋固樹木
茂, 忠信以寬民不偸矣, 至其庭, 庭其淸矣, 諸下用命, 政不擾矣, 三稱
庸盡其美乎.

자로子路가 재상이 되어 포蒲 지역을 다스린 지 삼 년이 되었을 때, 공자가 포 지역을 방문하면서 세 번이나 자로의 정치에 대해 칭찬하였다. 자공子貢이 이 상하게 생각하여 "아직 자로를 만나지도 못했고, 그가 정치를 시행하는 것을 직접 보신 것도 아닌데 어떻게 알고 그를 칭찬하십니까?"라고 물었다. 그러나 공자는 웃으며 이렇게 말하였다. "처음 포 지역에 들어섰을 때, 논과 밭이 뒤바 뀌지 않고 잘 가꾸어져 있으며 수로가 제대로 정비되어 있었으니, 이것은 자로 가 공경으로써 다스리고 미덥게 정치를 한 까닭에 백성들이 힘을 다하게 된 것 이다. 성안으로 들어왔을 때 집들이 튼튼하고 숲에 나무가 무성하니 이것은 자 로가 충忠과 신信으로써 사람들을 대하고 너그럽게 다스리기 때문에 백성들이 서로 훔치거나 각박하게 대하지 않음을 설명하는 것이다. 그리고 관청에 이르 렀을 때는 분위기가 엄정하고 정원이 정결하게 잘 손질되어 있으니, 이는 관리 들이 각자의 직책을 다하여 정치가 백성들을 어지럽히지 않음을 설명하는 것 이다. 그러니 내가 칭찬한 것으로는 오히려 부족할 것이다."

【역주】

1) 이 고사는 『공자가어』「변정辯政」에 나온다.

70— 자서저봉子西沮封

자서가 공자의 등용을 막다

楚昭王將以書社之地封孔子. 令尹子西諫曰. 王之使臣有如子貢者乎.
輔相有如顔回者乎. 將帥有如子路者乎. 官尹有如宰予者乎. 孔丘得據
土壤, 賢弟子爲佐, 非楚之福也. 昭王乃止, 於是孔子自楚反乎衛.

초楚나라 소왕昭王이 서사書社의 토지와 벼슬을 공자에게 내리려 하였다. 그러자 초나라의 영윤令尹 자서子西가 왕에게 간언을 하였다. "왕께서 일을 맡길 만한 신하에 자공子貢과 같은 인물이 있습니까? 또 왕을 보좌하는 재상 중에서 안연顏淵과 같이 뛰어난 덕을 가진 이가 있습니까? 그리고 군대의 장수 중에 자로子路와 같이 용맹한 이가 있습니까? 행정을 담당한 관리들 중에 재여宰予와 같은 유능한 사람이 있습니까? 만약 공자가 봉토封土를 받아 땅을 차지하고, 여기에 더하여 뛰어난 제자들이 옆에서 그를 보좌하게 된다면 이것은 오히려 우리 초나라의 복이 될 수 없는 일입니다." 이 말을 들은 초나라 소왕은 공자에게 봉토와 벼슬을 내리려던 계획을 그만두었고, 공자는 할 수 없이 위衛나라로 돌아갈 수밖에 없었다.

【역주】

1) 이 고사는 『사기』 「공자세가孔子世家」에 나온다.

2) 서사書社 : 서사는 단순히 토지만을 의미하는 것이 아니라, 행정의 단위를 말한다.

3) 자서子西 : 춘추 시대 초楚나라의 공자公子로 이름은 신申이다.

71—산량탄치山梁嘆雉

산골짜기의 다리 위에서 꿩을 보며 탄식하다

【원문】

孔子過山梁. 適有雌雉飲啄其間, 曰, 山梁雌雉, 時哉時哉. 子路共之,
三嗅而作.

공자가 산골짜기에 놓인 다리를 건너고 있었다. 마침 몇 마리의 까투리가 물을 마시고 모이를 쪼고 있는 것을 보고 공자는 "산골짜기 다리 위의 까투리들이 때를 얻었구나, 때를 얻었구나!"라고 하였다. 제자인 자로子路가 그 말을 듣고서 제철에 맞는 음식이라는 뜻으로 잘못 오해하여 꿩을 잡아다가 요리를 해서 공자에게 드리자 공자는 세 번에 걸쳐 냄새만 맡아 보고는 그냥 일어서고 말았다.

【역주】

1) 이 고사는 『논어』 「향당鄕黨」에 나온다.

2) 어떤 일이든 먼저 기미를 살피고 그에 따라 행동해야 하는데, 까투리가 물을 마시고 모이를 쪼는 것이 정확한 때를 얻었기에 '때를 얻었구나' (時哉) 하고 감탄한 것이다.

72 — 명사존로命賜存魯

노나라를 보존할 수 있는 방법을 찾다

【원문】

齊田常欲作亂先伐魯, 孔子聞之謂門弟子曰, 夫魯墳墓所處父母之國,
危如此, 二三子何爲莫出, 子貢請行遊說列國, 卒之存魯亂齊, 孔子曰,
夫其亂齊存魯, 吾之初願, 若强晉以敝吳, 使吳亡而越霸者, 賜之說也,
美言傷信, 愼言哉.

제齊나라 대부 전상田常이 난을 일으키려 했으나 귀족들의 세력이 두려웠다. 그래서 먼저 귀족들의 군사를 모아 노魯나라와 전쟁을 벌임으로써 귀족들의 세력을 약화시키려 하였다. 그 소식을 들은 공자는 제자들에게 "노나라는 우리 부모의 나라이다. 그 나라가 위기에 처해 있는데, 너희들이 어찌 나서지 않을 수 있겠는가?"라고 하였다. 공자의 말을 들은 자공이 나서서 여러 제후국을 오가며 공을 들인 끝에 결국 노나라를 보존하고 제나라를 혼란에 빠뜨리는 데 성공하였다. 그러자 공자는 이렇게 말하였다. "제나라를 어지럽게 만들고 노나라를 보존하는 것은 내가 본래 원했던 것이다. 진晉나라를 강하게 함으로써 오吳나라를 쇠퇴하게 만들었고, 결국 오나라를 멸망하게 함으로써 월越나라를 패자로 만들었으니 이 모든 것은 너의 언변으로 이루어진 것이라 할 수 있다. 하지만 교묘하게 꾸민 말은 쉽게 신의를 깨뜨리는 법이니 항상 조심해야 할 것이다."

【역주】

1) 이 고사는 『공자가어孔子家語』「굴절해屈節解」에 나오며, 『사기史記』「중니제자열전仲尼弟子列傳」에도 상세하게 기록되어 있다.

2) 전상田常 : 춘추 시대 제나라의 대부. 전성자田成子 혹은 진성자陳成子라고도 불리며, 이름은 항恒 혹은 상常이다. 제나라 간공簡公 4년(기원전 481)에 그는 간공을 시해하고 평공平公을 옹립하여, 스스로 상국相國의 자리에 오르고 그 봉지를 넓히게 되었다. 이때부터 제나라는 전씨田氏가 정치적 실권을 장악하였다.

73—자공사행子貢辭行

자공이 재상이 되어 길을 떠나다

【원문】

子貢爲信陽宰, 將行辭於孔子. 子曰, 勤之愼之, 奉天之時無奪無伐無暴無盜. 又曰, 治官莫若平, 臨財莫若廉, 廉平之守不可改也. 言人之善若己有之, 言人之惡若己受之, 故君子無所不愼焉.

자공子貢이 신양信陽의 재상이 되어 길을 떠나게 되었는데, 떠나기 전에 공자에게 인사를 드리러 왔다. 공자는 걱정스러워하면서 자공에게 다음과 같은 말로써 교훈을 내렸다. "성실히 책임을 완수하고, 항상 스스로를 살펴서 근신해야 한다. 천시天時를 받들어 일을 처리해야 하니 남의 일을 빼앗지 말고 자기의 공로를 자랑하지 말며, 난폭하게 하지 말고 도적질을 하지 말아라. 공무를 집행할 때는 반드시 공평하게 일을 처리할 것이며, 재정을 감독할 때는 반드시 청렴하고 검소해야 하니, 이처럼 공평무사함과 청렴함을 지킬 수만 있다면 더 이상 따로 고쳐야 할 일이 없을 것이다. 다른 사람의 선한 행위를 말할 때는 자기도 그 은혜를 입은 것처럼 말해야 하며, 다른 사람의 악한 행위를 말할 때는 자기도 화를 입은 것처럼 말해야 한다. 그러므로 군자는 언제 어디서나 조심스럽고 신중하게 행동해야 하는 것이다."

【역주】

1) 이 고사는 『공자가어』 「변정辯政」에 나온다.

2) 공자는 이 내용과 관련해서 "탈奪이란 어진 사람의 일을 빼앗는 것이고, 벌伐은 무능한 사람이 현자의 일을 대신하는 것이며, 폭暴은 명령은 느리게 내리면서 일의 성사만 재촉하는 것이고, 도盜는 남이 잘한 일을 자기가 했다고 하는 것이다"라고 하였다.

74 — 자고인서子羔仁恕

자고의 인자하고 남을 배려하는 마음을 칭찬하다

【원문】

子羔爲衛士師刖人之足, 俄而衛亂, 刖者守門逃子羔者三. 子羔怪問其
故, 刖者曰, 斷足固我之罪, 昔公欲免臣於法也, 臣知之當論刑君愀然不
悅臣又知之, 此臣之所以悅君也, 孔子聞之曰, 善哉, 爲吏其用法一也,
思仁恕則樹德加, 嚴暴則樹怨, 公以行之其柴乎.

자고子羔가 위衛나라에서 사사士師라는 관리로 있을 때, 항상 법에 의해 판결하여 죄인을 형벌에 처하였는데, 언젠가 죄인의 발목을 자르는 형벌을 집행하였다. 갑자기 위나라에 반란이 일어나서 자고가 몸을 피하였는데, 성문을 지키던 어떤 사람이 그를 세 번이나 숨겨주었다. 자고가 이상하게 생각하여 왜 자기를 숨겨주는지 그 이유를 물었더니 다음과 같이 말하였다. "예전에 내가 발목을 잘리는 형벌을 당하였는데, 이는 내가 저지른 잘못에 합당한 형벌이었음에도 당신은 나를 어떻게든 사면해주려고 하였고, 막상 형이 집행될 때에는 매우 슬프고 안타까워하는 것을 나 역시 알 수 있었습니다. 이때 나는 당신의 어진 마음을 알고 진심으로 감복하였습니다." 나중에 공자가 이 사실을 전해 듣고 다음과 같이 말하였다. "참으로 훌륭하구나. 관리가 되어서 그 법률을 집행할 때는 한결같이 해야 하니, 항상 인仁과 서恕의 마음을 지니고 법을 집행하면 은혜로운 덕을 입었다고 생각하지만, 엄격하고 포악하게 집행하면 결국 원한을 품게 될 것이다. 어질고 남을 배려하는 마음으로 법률을 집행할 수 있는 사람은 오로지 자고밖에는 없을 것이다."

【역주】

1) 이 고사는 『공자가어』「치사致思」와 『사기史記』「중니제자열전仲尼弟子列傳」에 나온다.

2) 자고子羔(기원전 521~?) : 공자의 제자. 성은 고高, 이름은 시柴, 자는 자고子羔이며, 계고季羔, 자고子皐, 자고子辠라 칭하기도 하였다. 공자보다 30세 연하다.

3) 이 반란은 괴외蒯聵(?~기원전 478)의 난이다. 괴외는 위나라 영공靈公의 태자였는데, 영공의 부인인 남자南子와 다툼이 일어나 그녀를 살해하려 하였으나 실패하지 긴晉나라로 망명하였다. 노나라 애공 3년(기원전 492)에 영공이 죽고 그의 손자, 즉 괴외의 아들인 첩輒(出公)이 왕위에 오르자 이에 불만을 품고 노나라 애공 15년(기원전 480) 난을 일으켜 아들 출공을 축출하고 군주의 자리에 올랐으니 그가 바로 장공莊公이다.

75 — 방추지덕放鰌知德

어린 물고기를 놓아주는 것을 보고 덕망을 알다

【원문】

夫子適衛, 使巫馬期觀宓子賤之政, 期入單父封見夜漁者舍小取大, 問其故, 漁者曰, 吾大夫欲長之. 返告曰, 宓子賤之德至矣, 使民闇行, 若有嚴刑於傍, 夫子曰, 嘗告之曰, 誠於此者刑於彼.

공자가 위衛나라에 갔을 때, 무마기巫馬期를 시켜서 단보亶父 지역의 재상인 복자천宓子賤이 어떻게 정치를 시행하고 있는지 살펴보게 하였다. 무마기가 단보의 경계에 들어섰을 때 마침 밤늦게 고기를 잡고 있는 어부를 만났는데, 그는 잡은 물고기 중에서 작은 것은 도로 놓아주고 큰 것만을 가려내고 있었다. 무마기가 이유를 묻자 어부가 "우리 마을의 수령께서 어린 물고기는 다 성장할 때까지 기다렸다가 잡으라고 하셨기 때문입니다"라고 대답하였다. 무마기가 돌아와서 공자에게 말하기를 "복자천이 덕으로써 사람들을 교화시키는 것이 지극함에 이르렀으니, 백성들이 깜깜한 밤중에 아무도 없는 곳에서 어떤 일을 하더라도 바로 곁에서 엄한 형벌이 지켜보고 있는 것처럼 느끼게 하는 것 같습니다"라고 하였다. 그러자 공자는 "일찍이 복자천이 다스림의 요체에 대해 물었을 때, 내가 이 일에 성실한 사람은 또한 저 일에 있어서도 본받을 수 있다고 말해 준 적이 있었는데, 이곳에서 그 방법을 시행하고 있었구나"라고 하였다.

【역주】

1) 이 고사는 『공자가어』「굴절해屈節解」에 나온다.

2) 원문대로 해석한다면 마지막 부분의 "상고지왈嘗告之曰~"을 공자의 말이라고 보기는 어렵지만 『공자가어』의 기록(吾嘗與之言曰)에 따라 공자의 말로 이해하고 번역하였다.

3) 무마기巫馬期(기원전 521~?) : 공자의 제자. 성은 무마巫馬, 이름은 시施, 자字는 자기子期 혹은 자기子旗이다. 춘추 시대 노魯나라 사람이라 전하지만, 진陳나라 사람이라는 설도 있다. 공자보다 30세 연하였다.

4) 복자천宓子賤(기원전 521~?) : 공자의 제자. 성은 복宓, 이름은 부제不齊, 자字는 자천子賤이다. 춘추 말기 노나라 사람으로 공자보다 30세 연하였다.

76 _ 무성현가武城絃歌

무성 땅에서 거문고 소리와 노랫소리를 듣다

【원문】

子游爲武城宰. 子之武城, 聞絃歌之聲, 莞爾笑曰, 割雞焉用牛刀. 子游
曰, 昔者偃也, 聞諸夫子曰, 君子學道, 則愛人, 小人學道, 則易使也. 子
曰, 二三者, 偃之言, 是也. 前言戲之耳.

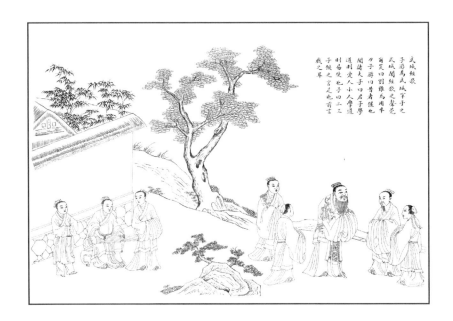

자유子游가 무성武城 땅의 재상으로 있었다. 이때 공자가 무성에 갔는데 그곳에서 거문고를 연주하고 노래를 부르는 소리를 듣고서 빙그레 웃으며 "닭을 잡는데 어찌 소 잡는 칼을 쓰는가?"라고 자유에게 물었다. 그러자 자유는 "옛날에 제가 선생님으로부터 '군자가 도를 배우면 사람을 사랑할 수 있고, 소인이 도를 배우면 쉽게 부릴 수 있다'고 배웠기 때문입니다"라고 대답하였다. 공자는 제자들을 돌아보며 다시 "이 사람들아, 자유의 말이 옳다. 지금 내가 한 말은 다만 농담이었을 뿐이다"라고 하였다.

1) 이 고사는 『논어』「양화陽貨」에 나온다.

2) 자유子游(기원전 506~?) : 공자의 제자. 성姓은 언言이고 이름이 언偃이다. 춘추 시기 오吳나라 사람으로, 『공자가어』에서는 문학文學에 뛰어났다고 평하고 있다. 그는 무성 지역의 재상으로 정치를 시행하면서 특히 예악禮樂을 통한 교화敎化를 중시하였다. 거문고 소리와 노랫소리란 바로 '예악', 즉 의례와 음악을 의미하는 것이다.

3) 무성武城 : 춘추 시대 노나라의 읍. 남무성南武城이라고도 한다. 현재의 산동성山東省 비현費縣 서남쪽 지역으로, 노나라 양공襄公 19년(기원전 554)에 제齊나라의 침범을 막기 위해 축성되었다.

77─작의난조作猗蘭操

산골짜기에 핀 난초를 보고 노래를 짓다

【원문】

孔子自衛反魯, 隱谷之中見蘭曰, 蘭當爲王者香, 今與衆草伍. 乃止車援
琴鼓之, 作猗蘭操曰,

　　習習谷風, 以陰以雨,
　　之子于歸, 遠送于野,
　　何彼蒼天, 不得其所,
　　逍遙九州, 無有定處,
　　世人闇蔽, 不知賢者,
　　年紀逝邁, 一身將老.

遂適衛.

공자가 위衛나라에서 노魯나라로 되돌아오는 도중에 깊은 산골짜기에 피어 있는 난초를 보고 "난초의 고결한 향기는 세상에서 으뜸인데, 지금은 온갖 잡풀들과 함께 섞여 있구나"라고 하였다. 그러고 나서 수레를 멈추고 거문고를 꺼내 연주하면서 「의난조猗蘭操」라는 곡曲을 지어 이렇게 노래하였다.

산골짜기에 바람이 스산하니 날이 흐려져 비가 오려나 보다.
여기 이 사람 돌아가려고 멀고 먼 들판을 지나왔으나
저 푸른 하늘 아래 내가 있을 곳을 찾지 못하였네.
넓디넓은 구주九州를 배회했지만 편히 머무를 곳은 없고
세상 사람들은 어둡고 우매하여 현자賢者를 알아보지 못하네.
세월은 빠르게 지나 이 몸도 이제는 늙어버렸네.

노래를 마친 후 공자는 다시 발걸음을 돌려 위나라로 갔다.

【역주】

1) 이 시는 『시경詩經』「패풍邶風 · 연연燕燕」에 나오는 시와 그 내용이나 형식에 있어서 매우 유사하다.

2) 거문고 반주로 노래를 부르는 것을 '操'라 한다. 예로부터 난초는 모든 초목 가운데 가장 고결하다고 여겨졌다. 공자는 잡풀 사이에 섞여 자라는 난초를 보고서 무지한 사람들에 둘러싸인 자신의 처지와 비유하여 시로 노래한 것이다.

3) 구주九州 : 구주란 아홉 개의 대륙 혹은 땅덩어리라는 뜻인데, 옛사람들은 이 세상이 아홉 개의 땅으로 이루어져 있고 그 바깥은 바다라고 생각하였다. 그러므로 구주란 당시의 세상 전체를 뜻한다.

78 — 행단예악杏壇禮樂

은행나무 단상에서 예악을 설파하다

【원문】

孔子歸魯. 然魯終不用, 孔子亦不求仕. 日坐杏檀鼓琴, 與其徒敍書傳
禮刪詩正樂贊易. 是杏檀者, 爲萬世立教之首地也.

공자가 노魯나라로 돌아왔다. 하지만 노나라에서는 여전히 공자를 등용하지 않았으며, 공자 역시 구차하게 벼슬을 구하고자 하지도 않았다. 대신 공자는 하루종일 은행나무로 만든 단상에서 거문고를 타면서 제자들과 함께 『서경書經』을 기술하고 『예기禮記』를 전술하였으며, 『시경詩經』을 편찬하고 『악기樂記』를 교정하며 『주역周易』을 찬술하였다. 이 은행나무 단상, 즉 행단杏檀은 공자가 만세에 길이 전할 가르침을 펼친 최초의 공간이 되었다.

【역주】

1) 이 고사는 『논어』, 『공자가어』, 『사기』 「공자세가」 등의 기록에서는 찾을 수 없다.

2) 공자가 『시경』, 『서경』, 『예기』, 『춘추』, 『주역』 등을 정리한 것은 그가 열국을 주유한 이후의 일이다. 지금도 '행단' 은 '교육의 장場' 이라는 의미로 쓰이기도 한다.

3) 공자가 요순堯舜을 전술傳述하고 『시』, 『서』, 『역』 등을 찬술했다는 기록은 여러 군데 나오지만, 오히려 『논어』에는 그러한 기록이 없다. 특히 공자가 『주역』에 대해 찬술했다는 기록은 『논어』와 『사기』에는 보이지 않고, 『공자가어』에만 남아 있다.

79 ― 극복전안克復傳顔

안연에게 극기복례의 도리를 전하다

【원문】

顔淵問仁. 子曰, 克己復禮爲仁, 一日克己復禮, 天下歸仁焉, 爲仁由己
而由人乎哉. 顔淵曰, 請問其目. 子曰, 非禮勿視, 非禮勿聽, 非禮勿言,
非禮勿動. 顔淵曰, 回雖不敏, 請事斯語矣.

어느 날 안연顔淵이 공자에게 인仁에 대해 물었다. 공자는 "스스로를 잘 다스려 자신의 말과 행동이 예에 합치하도록 하는 것(克己復禮)이 바로 인仁이다. 하루라도 자기를 다스려 예에 합치한다면 천하가 모두 인의 상태로 되돌아갈 것이니, 인을 이루는 것은 자신에게 달린 것이지 어찌 다른 사람으로 인한 것이겠는가?"라고 대답하였다. 안연이 다시 "그렇다면 인을 이룰 수 있는 조목을 여쭙고자 합니다"라고 묻자 공자는 이렇게 대답하였다. "예가 아니면 보지도 말고, 예가 아니면 듣지도 말며, 예가 아니면 말하지도 말고, 예가 아니면 행동하지도 말라." 이 말을 들은 안연은 "제가 비록 총명하지는 못하지만, 이 말씀을 받들어 마음에 새기도록 하겠습니다"라고 하였다.

【역주】

1) 이 고사는 『논어』「안연」에 나온다.

2) 안연顔淵(기원전 521~기원전 490) : 공자가 가장 총애한 제자. 춘추 시기 노魯나라 사람으로, 이름은 회回이다. 그는 공자와 더불어 인仁을 철저하게 실천하였으며, 공자는 그의 학문과 덕행을 자주 칭찬하여 안연이 오히려 자신을 가르칠 만하다고까지 하였다.

80— 효경전증孝經傳曾

증자에게 『효경』을 전하다

【원문】

仲尼居曾子侍, 子曰, 先王有至德, 要道以順天下民, 用和睦上下無怨,
汝知之乎. 曾子避席曰, 參不敏, 何足以知之. 子曰, 復坐. 吾語汝. 於是
以天子諸侯大夫, 及士庶人之孝語之, 旣而曰, 自天子以至於庶人, 孝無
終始, 而患不及者, 未之有也.

어느 날 증자曾子가 공자를 모시고 앉아 있었다. 공자는 증자에게 "선대의 왕에게는 지극히 뛰어난 덕德이 있어 도道로써 천하의 백성들을 따르게 하고, 상하上下가 서로 화목하여 원망하지 않도록 하였는데 너는 그것에 대해 알고 있느냐?"라고 물었다. 증자는 자리에서 일어나 "저는 본시 우둔하니 어찌 그 방법을 알겠습니까?"라고 대답하였다. 그러자 공자는 "다시 앉거라. 내가 너에게 말해주마"라고 하면서, 천자天子, 제후諸侯, 대부大夫 및 서인庶人에 이르기까지 효孝의 도리에 대해 증자에게 설명해주었다. 그러면서 공자는 "천자로부터 서인에 이르기까지 효란 시작도 없고 끝도 없는데, 아직 효를 다하지 못했음을 걱정하는 사람을 보지 못했다"라고 하였다.

【역주】

1) 이 고사는『효경』「개종명의開宗明義」에 나온다.

2) 증자曾子(기원전 505~기원전 436) : 공자의 제자. 이름은 삼參이며, 자는 자여子輿이다. 춘추 말기 노나라 사람으로 '효孝'에 대해 뛰어났다고 한다.『논어』에서는 그가 '나는 하루에 세 번 스스로를 반성한다'(吾日三省吾身)라고 하여 자기성찰에 철저했음을 말하고 있다.

3)『효경孝經』: 유가의 경전 가운데 하나로, 인간의 모든 행위와 교화의 기초가 되는 것이 바로 '효'라고 주장한 책이다. 또한 이 책에는 상례와 제사를 행하는 효의 방식이 기술되어 있다. 이 책은 공자의 가르침을 받은 증자가 기술하였다고 전해진다.

81—독역유감讀易有感

『주역』을 읽으며 탄식하다

【원문】

孔子讀易, 至損益而歎. 子夏問曰, 何歎焉, 曰, 損者益, 益者缺. 吾是以歎. 子夏曰, 學者不可以益乎? 曰, 否. 非道益謂也. 道彌益而身彌損. 若損其自多虛以受人. 故其益之能久也.

공자가 『주역周易』의 '손괘損卦'와 '익괘益卦'를 읽다가 탄식하였다. 자하子夏가 왜 그러는지를 묻자 공자는 "줄어드는 것은 늘어나기 위함이고, 늘어난 것은 다시 줄어들 수 있는 것이니, 그러므로 내가 탄식한 것이다"라고 대답하였다. 다시 자하가 "공부를 해도 학문이 늘어나지 않는다는 것입니까?"라고 묻자, 공자는 "아니다. 학문이 늘어나는 것에 대해 말한 것이 아니다. 학문이 높을수록 몸가짐은 더욱 겸허해야 한다. 만약 자신을 덜어내어 겸허하다면 다른 사람의 생각을 받아들일 수 있다. 그러므로 자신의 학문과 재능이 끊임없이 늘어난다는 것이다"고 대답하였다.

【역주】

1) 이 고사는 『공자가어』「육본六本」에 나온다.

2) 공자가 『주역』에 많은 관심을 가졌다는 사실은 『사기』「공자세가」의 "『주역』을 묶은 가죽끈이 세 번이나 끊어졌다"(韋編三絶)는 말에서도 알 수 있다. 또한 『논어』에도 "내가 몇 년을 더 살아서 나이 50에 『주역』을 공부할 수 있다면 큰 허물이 없을 것이다"(加我數年, 五十而學易, 可以無大過矣)라는 기록이 있으며, 『사기』「공자세가」에도 이와 유사한 기록이 보인다.

3) 자하子夏(기원전 507~?) : 공자의 제자. 성은 복卜이고 이름은 상商으로, 춘추시기 진晉나라 사람이라고 전해지지만, 위魏나라나 위衛나라 사람이라는 설도 있다. 그는 공자의 제자 가운데 문학文學에 뛰어났는데, 『시경詩經』과 『춘추春秋』 등의 경전이 그로 인하여 후대에 전해졌다. 공자보다 44세 연하였다.

82 ─위편삼절韋編三絶

죽간을 묶은 가죽끈이 세 번이나 끊어지다

【원문】

孔子自衛反魯, 魯終不能用, 膳而喜易. 序彖象繫說卦文言, 讀易之勤, 韋編至於三絶, 日, 我數年以學易, 可以無大過矣.

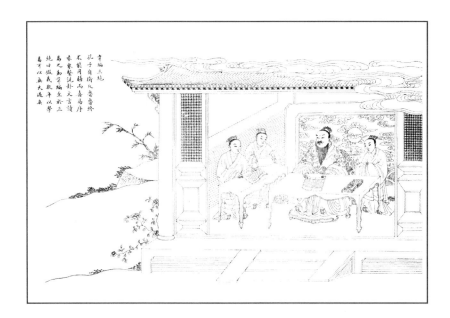

공자는 위衛나라에서 노나라로 돌아온 후에도 여전히 관직에는 등용되지 못하였고, 대신에 『주역周易』을 연구하는 데 전념하였다. 『주역』의 차례를 매기고 「단彖」, 「상象」, 「계사繫辭」, 「설괘說卦」, 「문언文言」을 지었으며, 너무 많이 읽어서 죽간竹簡을 묶은 가죽끈이 세 번이나 끊어졌다. 이후 공자는 "앞으로 수년 동안 『주역』만을 연구한다면 크게 모자라지는 않을 것이다" 라고 말하였다.

【역주】

1) 이 고사는 『논어』 「술이述而」에 나오며, 『사기』 「공자세가」에도 기록되어 있다.

2) 전통적으로 『주역周易』의 십익十翼, 즉 「역전易傳」 부분은 공자가 지은 것으로 알려져 왔지만, 현대에 이르러 이런 주장은 많은 학자들에 의해 비판받고 있다. 「역전」은 대체로 전국 후기에서 한대漢代 초기에 완성된 것으로 보는 것이 현재의 정설이다.

83_금음맹단琴吟盟壇

제후들이 맹약을 했던 단 위에서 거문고를 타다

【원문】

孔子出魯東門, 過杏檀. 歷階而上, 顧謂子貢曰, 茲臧文中誓盟之檀也.
睹物思人命, 琴而歌曰,

　署往寒來春復秋,
　夕陽西下水東流,
　將軍戰馬今何在,
　野草閑花萬地愁.

공자가 노魯나라의 동쪽 성문으로 나가다가 은행나무 단壇을 지나게 되었다. 공자는 단의 계단을 올라가다가 자공子貢을 돌아보며 "이곳은 옛날 장문중臧文中이 제후들을 모아놓고 맹약盟約을 했던 단壇이다"라고 하였다. 어떤 사물을 보면 그에 얽힌 사람의 운명을 생각하게 되는지라 공자는 거문고를 타면서 이렇게 노래하였다.

　더위가 가니 추위가 오고, 봄인가 했더니 어느새 가을이 오네.
　석양은 서쪽으로 기울고 물은 동쪽으로 흐르는데
　장군의 전마戰馬는 지금 어디에 있는고?
　들풀과 시든 꽃에는 시름만이 가득하구나.

【역주】

1) 이 고사는 『논어』, 『공자가어』, 『사기』 「공자세가」 등에는 나오지 않는다.

2) 장문중臧文中 : 춘추 시기의 노나라 대부. 그는 정의감이 뛰어났고 모든 일을 공평하게 처리하였다고 한다. 그는 희공僖公 27년에 여러 나라의 제후들을 노나라에 모아서 예를 따르지 않는 국가를 토벌하기 위한 맹약을 주도하였다고 한다. 이 내용은 『국어國語』 「노어魯語」에 나온다.

84 — 망오문마望吳門馬

오나라의 수도 창문에 있는 말을 알아보다

【원문】

孔子與顏子登泰山. 顏子望見吳 門馬曰, 是一疋練, 前有生藍. 孔子曰,
此白馬蘆蒭也. 蓋馬之光景, 如練之長也. 孔子聖之神如此.

공자와 안연顏淵이 태산泰山에 올랐을 때였다. 안연이 멀리 오吳나라 수도인 창문閶門에 있는 말(馬)을 보았는데 그것이 말이라는 것을 미처 모르고 공자에게 "저기 깨끗하고 흰 비단 한 필이 있는데, 앞쪽에는 남색으로 물들여져 있습니다"라고 하였다. 그러자 공자는 "저것은 노추蘆蒭라고 하는 백마이다. 말의 몸에서 반사하는 빛이 마치 기다란 흰색 비단을 펼친 것 같구나"라고 대답하였다. 사물을 알아보는 공자의 식견이 이렇게 높았던 것이다.

【역주】

1) 이 고사는 한대漢代의 한영韓嬰이 편찬한 『한시외전韓詩外傳』에 나온다.

85 — 평실통요萍實通謠

노래를 듣고 과일의 이름을 알다

楚昭王渡江, 江中有物大而赤, 王怪之, 使使問孔子. 孔子曰, 此萍實, 可食, 惟霸者能獲焉. 王食之大美. 子游問曰, 夫子何以知其然. 子曰, 吾昔過陳, 聞童謠曰, 楚王渡江得萍實, 大如斗, 赤如日, 剖而食之, 甛如蜜. 此楚王之應也. 吾是以知之.

초楚나라 소왕昭王이 강을 건너다가 강 가운데에 붉은 빛을 띠는 큰 물건이 있는 것을 보고 이상하게 여겨 관리를 보내 공자에게 물어보게 하였다. 공자는 이에 대해 "이것은 평실萍實이라는 과일로 먹을 수 있지만, 오직 패업霸業을 이룬 사람만이 얻을 수 있습니다"라고 대답하였다. 왕이 먹어보니 그 맛이 매우 뛰어났다. 자유子游가 공자에게 "어떻게 해서 그러한 사실을 알 수 있었습니까?"라고 물었더니 공자는 이렇게 말하였다. "옛날 진陳나라에 갔을 때 아이들이 부르는 동요를 들은 적이 있는데, 그 가사에 '초나라 왕이 강을 건너다가 평실을 얻는다. 자루처럼 매우 크고 태양처럼 붉은데, 잘라서 먹으면 꿀처럼 달다'고 하였다. 그 노랫말이 이번 초왕의 일과 일치하였다. 그래서 내가 알아본 것이다."

【역주】

1) 이 고사는 『공자가어』「관사觀思」에 더욱 상세하게 나온다.

2) 평실萍實 : 평실이란 물에서 자라는 식물의 열매이다. 색깔이 붉기 때문에 후대에는 '태양'을 가리키는 말로도 사용되었는데, 하늘에 '해'가 하나이듯 천하를 패도覇道, 즉 무력으로 주도하는 사람을 비유한 것이기도 하다.

86 — 상양지우商羊知雨

상양이라는 새를 보고 홍수를 예측하다

【원문】

齊有一足鳥, 飛集於公朝, 舒翅而跳. 齊侯怪之, 使使問孔子. 子曰, 此鳥名商羊, 水祥也. 昔童兒屈脚挑肩而跳, 此謠曰, 天將大雨, 商羊鼓舞. 今齊有之, 其應至矣. 急告民, 治渠修隄. 頃之, 大雨水溢諸國傷害, 惟齊有備免.

제齊나라에 다리가 하나뿐인 새가 있었는데, 어느 날 조정에 날아와서 날개를 퍼덕이며 뛰어다녔다. 제나라의 제후는 이 광경을 보고 이상하게 생각하여 관리를 보내 공자에게 연유를 물어보게 하였다. 공자는 이를 다음과 같이 설명하였다. "이 새의 이름은 '상양商羊'이라고 하는데, 큰비가 내릴 것을 예측하는 새입니다. 언젠가 아이들이 (다리가 하나뿐인 상양을 흉내내어) 한쪽 무릎을 구부리고 어깨를 흔들며 노래 부르고 춤추는 것을 보았는데, 그 노래의 내용은 '하늘에서 큰비가 내리려 할 때는 상양이 춤을 춘다'는 것이었습니다. 이제 제나라에 상양이 나타났으니 반드시 큰비가 내릴 것입니다. 급히 백성들에게 알려 도랑과 하천을 정비하고 제방을 보수하도록 하십시오." 그 후 오래지 않아 큰물이 지고 홍수가 범람하여 여러 나라가 수재를 입었지만, 오직 제나라만은 미리 대비하였으므로 수재를 피할 수 있었다.

【역주】

1) 이 고사는 『공자가어』「변정辯政」에 나온다.

2) 상양商羊 : 상양이라는 새는 원래 전설상의 새이다. 이 새가 날면 비가 많이 내린다고 하는데, 이 새가 비가 올 것을 미리 알고서 춤을 추는 것을 '상양고무 商羊鼓舞'라고 한다.

87─골변방풍骨辨防風

방풍씨의 유골을 알아보다

【원문】

吳伐越墮會稽, 得骨節專車. 使問仲尼, 骨何者最大, 仲尼曰, 禹致群神
於會稽山, 防風氏後至, 禹戮之, 其節專車, 此爲大矣.

오나라가 월越나라를 정벌한 후, 회계산會稽山의 성벽을 허물다가 유골을 발견하였는데, 그 유골의 뼈 한 마디가 수레를 가득 채울 만큼 거대했다. 오나라 왕이 공자에게 사신을 보내 "유골 가운데 어느 것이 가장 큽니까?"라고 자문을 구하였다. 그러자 공자는 "옛날 우禹임금이 산천을 다스리는 군신群神을 회계산에 불러 모았을 때, 방풍씨防風氏가 늦게 도착하였습니다. 우임금은 방풍씨를 죽이고 그 시체를 늘어놓았는데, 그 뼈의 한 마디가 수레를 가득 채웠으니 이것이 가장 큽니다"라고 대답하였다.

【역주】

1) 이 고사는 『공자가어』「변물辯物」에 나오며 『사기』「공자세가」에도 기록되어 있다.

2) 방풍씨防風氏 : 주周나라 때 우산嵎山 지역의 제후국인데, 왕망씨汪芒氏라고도 한다.

3) 원문의 '군신群神'이 『공자가어』에는 군신群臣으로 되어 있다.

88 — 부대전부不對田賦

토지세에 대한 자문에 답변하지 않다

【원문】

季孫欲以田賦訪諸仲尼, 仲尼不對, 而私語冉求曰, 君子度於禮施取其
厚事舉其中, 斂從其薄, 若貪冒無厭, 則雖以田賦將又不足, 又何訪焉.

계손季孫이 토지세를 거두어들이는 문제에 대해 공자의 의견을 물어왔으나 공자는 답변을 하지 않았다. 그 후 사적인 자리에서 염구冉求에게 이렇게 말하였다. "군자는 마땅히 예에 따라 많이 주고 적게 거둬들여야 한다. 만약 끝이 없는 탐욕을 좇는다면, 토지세를 아무리 많이 거두어도 만족할 수 없을 것이다. 그런데도 이 문제로 나를 찾아와 물어볼 것이 무엇인가?"

【역주】

1) 이 고사는 『국어國語』 「노어하魯語下」에 기록되어 있다.

2) 염구冉求(기원전 522~?) : 공자의 제자. 성姓은 염冉, 이름은 구求, 자字는 자유子有이고 염자冉子 혹은 유자有子라고 불리기도 하였다. 춘추 말기 노나라 사람으로 공자보다 29세 연하였다. 공자의 제자 중에서 정치적인 방면에서 가장 재능을 발휘했던 인물로 평가되고 있다.

89 ─ 시석노군侍席魯君

노나라 군주와 대면하여 정치를 논하다

【원문】

魯哀公館孔子, 升好賓階, 公命以席問政孔子, 對曰, 政之急莫大乎使民
富且壽也, 省力役薄賦斂則民富, 崇禮敎遠罪戾則民壽.

노나라 애공이 공자를 객관에 머무르도록 하였다. 빈계賓階로 올라온 공자를 가까이 앉도록 한 후 공자에게 어떻게 국가를 다스려야 하는지를 묻자 공자는 이렇게 대답하였다. "국가를 다스리는 일에서 가장 급한 것은 백성들을 부유하게 하고, 또 장수하게 하는 것입니다. 노역과 거두어들이는 세금을 줄인다면 백성들은 부유하게 될 것이고, 예악을 숭상하고 죄악을 멀리한다면 백성들은 건강하게 장수할 것입니다."

【역주】

1) 이 고사는 『공자가어』 「현군賢君」에 나온다.
2) 빈계賓階 : 집안으로 들어갈 때 손님이 올라가는 서쪽 계단. 손님을 접대하는 방으로 들어가기 위해서 단을 올라갈 때 반드시 주인은 동쪽 계단, 손님은 서쪽 계단을 이용하였다.

90 — 유복유행儒服儒行

유학자의 복장과 행동에 대해 말하다

【원문】

哀公館孔子, 問曰, 夫子之服其儒服與, 孔子對曰, 逢掖章甫博其服于
鄉, 丘未知其爲儒服也, 公曰, 敢問儒行, 孔子對曰, 遽數之不能終其物,
悉數之乃留更僕未可終也, 於是以儒行之自立近情剛毅自守寬裕擧賢
援能特立獨行者告.

　　노나라 애공哀公이 공자를 객관에 머무르게 한 후에 "선생께서 입고 있는 의복
이 바로 유학자의 복장입니까?"라고 물었다. 이에 공자는 "제가 젊었을 때에는
노나라에서 봉액逢掖을 입었고, 송나라에 가서는 장보박章甫博을 썼습니다.
군자가 의지하는 것은 자신의 넓은 식견일 뿐이며, 의복은 단지 생활하는 지역
의 풍습을 따른 것일 뿐이니, 제가 입고 있는 것이 반드시 유학자의 복장인지는
모르겠습니다"라고 대답하였다. 노나라의 애공이 다시 유학자의 행동에 대해
묻자, 공자는 대충 설명한다 해도 일일이 설명할 수 없으며, 자세히 살펴보고자
한다면 아무리 오랫동안 설명해도 다하지 못할 것이라고 하였다. 그러면서 자
립自立, 근정近情, 강의剛毅, 자수自守, 관유寬裕, 거현원능擧賢援能, 특립독행
特立獨行 등과 같은 유학자의 행위에 대해 설명하였다.

【역주】

1) 이 고사는 『공자가어』 「유행儒行」에 나온다.

2) 봉액逢掖 : 옆이 넓게 트이고 소매가 큰 도포의 한 종류. 여기서 봉逢은 크다
　　(大)는 뜻이다.

3) 장보박章甫博 : 은殷나라 때 예식에 쓴 관의 한 종류로, 공자가 사용한 뒤로부
　　터 유생이 쓰는 관이 되었다.

91 ── 귀서천도貴黍賤桃

기장은 귀하고 복숭아는 천하다

【원문】

孔子侍坐於哀公, 賜桃與黍, 孔子先飯黍而後啗桃, 左右掩口而笑, 公曰, 黍者所以雪桃, 孔子對曰, 丘知之. 夫黍五穀之長, 郊社宗廟以爲上盛, 菓屬有六, 而桃爲下不登郊廟, 丘聞君子以賤雪貴, 未聞以貴雪賤, 故不敢從賤而雪貴也.

공자가 노魯나라 애공哀公의 초대를 받아 그의 옆자리에 앉았다. 애공이 공자에게 복숭아와 기장을 주었는데, 공자는 기장을 먼저 먹고 나중에 복숭아를 먹었다. 그러자 주위에 있던 모든 사람들이 손으로 입을 가리고 웃었다. 애공이 "기장은 복숭아가 다치지 않도록 신선하게 보관하기 위한 것이지 먹으라고 드린 것이 아닙니다"라고 말하자 공자는 이렇게 대답하였다. "저도 알고 있습니다. 그러나 기장은 곡식 가운데 으뜸이 되는 것으로 교사郊社의 제사나 종묘宗廟의 제사에서 가장 윗자리에 올리는 음식이지만, 복숭아는 여섯 가지 과일 중에서도 가장 미천한 것으로 제사에는 쓸 수조차 없는 것입니다. 저는 군자가 미천한 것으로 귀한 것을 보존한다는 말은 들어보았습니다만 귀한 것으로써 천한 것을 보관한다는 말은 듣지 못했습니다. 지금 곡식 중에서도 으뜸인 것으로 미천한 것을 감싸는 것은 높은 것을 가지고 낮은 것을 보관하는 것이니, 저는 이것이 성인의 가르침을 왜곡하고, 의로움을 해치는 일이라 생각되어 감히 그렇게 할 수가 없습니다." 그러자 애공은 "과연 훌륭하십니다"라며 감탄하였다.

【역주】

1) 이 고사는 『공자가어』「자로초견子路初見」에 나온다.

2) 교사郊社는 천자가 하늘에 제사를 지내는 곳이며, 이 제사를 교례郊禮라고 한다. 종묘宗廟는 선대 천자들의 위패를 모신 곳으로 왕실의 정통성을 상징한다.

92 ─ 관사론속觀蜡論俗

세말의 제사를 보며 속세의 삶을 논하다

【원문】

子貢觀於蜡, 孔子曰, 賜也, 樂好. 對曰, 一國之人皆若狂, 賜未知其爲樂也. 孔子曰, 百日之勞, 一日之樂, 非爾所知也. 張而不弛, 文武弗能也. 弛而不張, 文武弗爲也. 一張一弛, 文武之道也.

자공子貢이 세말歲末에 지내는 사蜡 제사를 보고 있었다. 이때 공자가 자공에게 "보고 있으니 즐거우냐?"라고 물었다. 자공은 공자의 물음에 "온 나라 사람들이 모두 미친 듯이 즐거워하는데, 저는 그것이 왜 즐거운지 모르겠습니다"라고 대답하였다. 그러자 공자는 자공에게 이렇게 설명하였다. "백일 동안 열심히 일하고 하루 즐기는 것을 너는 이해하지 못하느냐? 당기기만 하고 느슨히 풀지 않는 것은 문왕文王이나 무왕武王도 하지 않은 것이다. 반대로 느슨히 하기만 하고 팽팽하게 당기지 않는 것도 문왕과 무왕이 모두 하지 않은 것이다. 한 번 당기면 한 번 느슨하게 하는 것이 바로 문왕과 무왕이 천하를 다스린 도리일 것이다."

【역주】

1) 이 고사는 『공자가어』「관향사觀鄕射」에 나온다.

2) 사蜡 : 한 해의 끝인 음력 12월에 여러 신들에게 지내는 제사를 의미한다. '사'는 제사의 성격도 있지만 아울러 축제의 성격도 지니고 있다.

93─세업극창世業克昌

대대로 가업이 번창할 것을 예견하다

【원문】

夫子閒居而嘆. 子思再拜曰, 孫子不修將泰祖乎, 堯舜之道恨不及乎.
曰, 孺子安知吾志. 子思對曰, 伋聞夫子之敎, 父析薪子弗負荷, 是謂不
肖. 每思大恐而不懈也. 夫子笑曰, 然吾無憂矣. 世不廢業, 其克昌乎.

공자가 한가롭게 지내다가 홀연 탄식하였다. 이를 본 자사子思가 공자에게 두
번 절을 올리고는 "자손이 조상의 크나큰 뜻을 제대로 계승하고 실천하지 못하
여 탄식을 하는 것입니까? 아니면 요堯임금과 순舜임금을 흠모하며 그들의 경
지에 이르지 못한 것을 한탄하시는 것입니까?"라고 물었다. 그러자 공자는 "네
가 어찌 나의 마음을 알겠느냐?"라고 하였다. 자사가 다시 "저는 아비가 장작
을 패고 있는데 자식이 그것을 등에 지지 않는다면 그것을 불초자라 한다고 배
웠습니다. 이것을 생각할 때마다 저는 매우 근심이 되어 감히 게으르지 못합니
다"라고 하였다. 공자는 웃으면서 이렇게 말했다. "이제 내게는 근심이 없구
나. 대대로 가업은 끊기지 않고 여전히 크게 번창할 것이다."

【역주】

1) 이 고사는 『공총자孔叢子』「기문記問」에 나온다.

2) 자사子思 : 공자의 손자로 생졸 연대는 알려져 있지 않다. 이름은 급伋이며, 자
字는 자사이다. 그가 사서삼경四書三經 가운데 하나인 『중용中庸』을 지었다
고 전해진다. 공자가 '세업이 번창할 것이다'라고 말한 것은 곧 자신의 손자
인 자사에 대한 칭찬이라고 할 수 있다.

3) '아버지가 장작을 패면 아들이 그것을 등에 진다'(父析薪子負荷)는 것은 곧 부
모의 유업遺業을 잘 받든다는 의미이다. 이를 줄여 '부하負荷'라고도 하는데,
'불부하不負荷'는 부모의 유업을 계승할 능력이 없다는 뜻이다.

94 — 성문사과聖門四科

공자의 제자들이 네 가지 분야에 뛰어난 재능을 보이다

【원문】

德行顏淵閔子騫冉伯牛仲弓. 言語宰我子貢. 政事冉有季路, 文學子游子夏.

공자의 제자 가운데 덕행德行이 높은 이로는 안연顏淵, 민자건閔子騫, 염백우 冉伯牛, 염중궁冉仲弓이 있다. 그리고 언변言辯에 뛰어난 이로는 자아子我, 자 공子貢이 있다. 또한 정치에 탁월한 재능을 지닌 이로는 염유冉有와 계로季路 가 있다. 더불어 문장과 고대 문헌에 정통한 이로는 자유子游와 자하子夏가 있다.

【역주】

1) 이 내용은『논어』「선진先進」에 나오며,『사기』「중니제자열전」에도 기록되 어 있다.『사기』「공자세가」에서도 "공자가 네 가지의 가르침을 펼쳤다"(孔子 以四敎)고 하였다.

2) 성문사과聖門四科 : 공문사과孔門四科라고도 한다. 성인 공자의 문하에 있던 제자 가운데 덕행德行·언변言辯·정무政務·문학文學에 뛰어난 각 제자들 을 지칭하는 말이다.

95 — 서수획린西狩獲麟

서쪽 들판에서 기린이 잡히다

【원문】

哀公十四年, 魯西狩獲麟. 孔子感焉作春秋. 按孔叢子曰, 叔孫氏樵而
獲麟, 衆莫之識, 棄之五父之衢, 冉有告曰, 麕身而肉角, 豈天之妖乎.
夫子往觀焉, 泣曰, 麟也. 麟仁獸. 出而死. 吾道窮矣.

【해역】

노魯나라 애공哀公 14년(기원전 481)의 경신庚申일에 서쪽 들판에서 '기린麒麟' 한 마리가 잡혔다. 공자는 느끼는 바가 있어 집필 중이던『춘추春秋』를 마무리하였다.『공총자孔叢子』의 기록은 다음과 같다. "숙손씨叔孫氏가 기린을 잡았는데 사람들은 그것이 무엇인지 아무도 몰랐기 때문에 오보五父의 거리에 내다버리고 말았다. 염유冉有가 공자에게 '노루의 몸에 뿔이 돋아 있으니 참으로 괴이한 일입니다' 라고 하였다. 공자가 급히 달려가 자세히 살펴보고는 눈물을 흘리면서 '이것은 기린이로구나. 기린은 인의仁義를 상징하는 동물인데 나타나자마자 죽고 말았으니, 나의 도道 역시 이제는 다한 모양이구나!' 라고 탄식하였다."

【역주】

1) 이 내용은『공자가어』「변물辯物」에 더욱 자세하게 나온다.

2) 기린麒麟 : 상상 속의 동물로 신령하고 상서로움을 상징하는데, 태평성세가 펼쳐지거나 성왕이 등장했을 때 나타난다고 한다. 이 동물은 살아 있는 풀을 밟지 않으며, 살아 있는 것을 먹지 않는다고 한다. 모양은 전체적으로 사슴과 비슷하나, 이마는 이리, 꼬리는 소, 발굽은 말을 닮았으며, 머리 위에는 뿔이 하나 있다고 한다.

3) 서수획린西狩獲麟의 고사와 함께 '춘추절필春秋絕筆' 의 고사도 함께 전한다. 즉 공자가 기린이 잡혀 죽은 것을 보고『춘추』의 집필을 멈췄다는 것이다. 그래서『춘추』를 다른 말로『인경麟經』이라고 하기도 한다.

96 — 궤수적홍蜷受赤虹

무릎을 꿇고 붉은 무지개를 받다

【원문】

孔子著作旣成, 齋戒向北斗告備. 忽有赤虹自天而下, 化爲黃玉刻文.
孔子蜷而受之.

공자가 여러 저작들을 완성한 후 목욕재계 하고서 북두성을 향해 책이 완성되었음을 고하였다. 이때 갑자기 하늘에서 붉은 무지개가 떨어져 문자가 새겨진 황옥黃玉으로 변하였다. 공자는 무릎을 꿇고 공손하게 이것을 받았다.

【역주】

1) 이 고사는 『송서宋書』「부서지符瑞志」에 나오며, 위魏의 송균宋均이 주注한 『효경우계孝經右契』, 그리고 진晉의 간보干寶가 편찬한 『수신기搜神記』에도 나온다.

97 ─ 목욕청토沐浴請討

몸을 씻고 군사를 일으킬 것을 청원하다

【원문】

陳成子弑簡公. 孔子沐浴而朝, 告於哀公曰, 陳恒弑其君, 請討之. 公曰,
告夫三子. 孔子曰, 以吾從大夫之後, 不敢不告也. 君曰, 告夫三子者.
之三子告, 不可. 孔子曰, 以吾從大夫之後, 不敢不告也.

제齊나라 대부大夫인 진항陳恒이 반란을 일으켜 그의 임금인 간공簡公을 시해했다. 이 소식을 들은 공자는 목욕沐浴으로 몸을 깨끗이 한 후에 조정으로 나아가 "진항이 그의 군주를 시해했으니 군사를 보내어 그를 징벌함이 마땅합니다"라고 애공哀公에게 간언하였다. 그러나 애공은 "계손季孫·숙손叔孫·맹손孟孫 이 세 대신들에게 가서 말해보시오"라고 하였다. 조정에서 물러난 공자는 "내가 대부의 지위에 있었던 까닭에 감히 청원하지 않을 수 없었는데, 군왕께서 도리어 세 대신에게 말해보라고 하시는구나!"라며 탄식하였다. 공자가 세 대신에게로 가서 진항을 토벌할 것을 청하였으나 그들은 공자의 말을 받아들이지 않았다. 그러자 공자는 "내가 대부의 지위에 있었던 까닭에 감히 청원하지 않을 수 없었다"라고 하였다.

【역주】

1) 이 고사는 『논어』「헌문」에 나오며, 『공자가어』「정론해正論解」에도 언급되어 있는데, 세부적인 내용은 조금씩 다르다.

2) 진항陳恒: 춘추 시대 제나라의 대부. 성은 진陳이지만 전田으로 표기하기도 한다. 이름은 항恒이고 상常으로 쓰기도 한다. 진성자陳成子, 전성자田成子, 전상田常이라고도 불린다. 노나라 애공哀公 14년(기원전 481)에 제齊나라 간공簡公을 시해하고 평공平公을 옹립하여 집정하였다.

3) '목沐'은 머리를 감는 것이고, '욕浴'은 몸을 씻는 것이다. 당시에는 중요한 청원이 있을 때 이렇게 먼저 목욕을 함으로써 경건함과 신중함을 표시하였다.

4) 이 고사는 당시 노나라의 삼환三桓 정치를 잘 말해준다. 즉 국가의 실권이 왕에게 있는 것이 아니라 계손·숙손·맹손의 세 가문에게 있었기 때문에 왕이 직접 명령을 내리지 못하고 이들에게 물어보게 하였던 것이다.

98 — 공자연의 孔子延醫

병을 치유하고자 제사를 지내다

【원문】

孔子寢疾, 翳髮有玉弊, 爲禘魯郊社, 孔子歌曰,

遴遴兆澤, 巍絶其坂.
誼道在邇, 求之若遠.
遄返不復, 自嬰運蹇.
謂然四顧, 題彼泰山.
鬱礭其高, 梁甫細連.
枳棘繞路, 陟之無緣.
將伐無柯, 患滋蔓延.
惟以永嘆, 涕淚潺湲.

공자가 심하게 병이 들어 자리에 누웠는데, 머리카락이 빠지고 이빨이 흔들릴 정도였다. 그래서 제자들과 함께 교사郊社에 가서 하늘에 제사를 지냈는데, 이 때 공자는 다음과 같은 노래를 불렀다.

물이 가득 찬 연못이 가는 길을 어렵게 하고
높고 험한 산이 앞을 가로막고 있네.
올바른 도리는 가까이에 있으련만
그것을 실현하기란 너무나도 아득하구나.
한 번 가서 돌아오지 못하는 것을 보니
나 스스로 좋지 않은 운명을 타고났나보다.
한숨 쉬며 사방을 둘러보다가
머리 들어 저기 높은 태산泰山을 올려다보네.
수풀은 울창하고 산은 높으니
태산 아래 산들은 작은 돌을 이어 놓은 듯하구나.
가시나무가 길을 막고 있으니
위로 오르려 해도 잡을 데가 없네.
잘라버리자니 도끼도 없으려니와
오히려 더욱 불어날까 걱정이네.
오직 길고 긴 탄식 속에
눈물만 흐르네.

【역주】

1) 이 고사는 『논어』, 『사기』 「공자세가」, 『공자가어』에는 나오지 않는다.

99 ─ 몽전양영夢奠兩楹

두 기둥 사이에 관이 놓여 있는 꿈을 꾸다

【원문】

孔子病, 子貢請見, 孔子方負杖, 逍遙於門, 歌曰, 泰山其頹乎, 梁木其
壞乎, 哲人其萎乎. 子貢聞之曰, 泰山頹, 吾將安仰, 梁木壞, 吾將安伏,
哲人萎, 吾將安放. 趨入, 子曰, 賜也, 來何遲. 夏后殯東階, 殷人殯兩
楹. 丘殷人也. 夜夢坐奠兩楹. 今明王不興, 天下孰宗予, 殆也. 已乃七
日卒.

공자가 병에 걸리자 자공子貢을 부른 후, 지팡이에 의지하여 문 앞을 거닐며 노래를 읊었다. "태산이 무너지려나보다. 대들보가 내려앉으려나보다. 학식을 지닌 이가 죽으려나보다." 자공이 이 노래를 듣고 "태산이 무너지면 제가 무엇을 올려다보며, 대들보가 내려앉으면 제가 무엇에 의지하며, 학식 있는 이가 죽으면 제가 누구를 본받겠습니까!"라고 하며 급히 공자 앞으로 달려갔다. 이를 본 공자가 다시 이렇게 말하였다. "자공아, 어찌 이리 늦게 왔느냐. 하후씨夏后氏 이후 하나라 사람들은 빈殯의 동쪽 계단에 관棺을 놓고 염을 하였고, 은殷나라 사람들은 두 기둥 사이에 관을 놓고 염을 하였다. 나는 은나라 사람의 후예이다. 어젯밤 꿈에서 두 기둥 사이에 관이 놓여 있는 것을 보았다. 지금 천하에는 현명한 군왕이 없으니, 세상에서 누가 나를 받들어주겠는가? 내가 죽으려나 보다." 이 일이 있고 나서 7일 후 공자는 세상을 떠났다.

【역주】

1) 이 고사는 『공자가어』「종기해終紀解」에 나오며, 『사기』「공자세가」에도 기록되어 있다.

2) 「공자세가」에서는 공자가 "태산이 무너지려나보다……"라고 말하고서 '눈물을 흘렸다'고 기록되어 있다.

3) 빈殯 : 죽은 시체를 놓아두는 곳을 말한다. 우리가 흔히 말하는 '빈소'의 의미이다. 그리고 빈은 죽은 영혼이 잠시 머무르는 곳이라는 의미도 있다. 은나라 사람들은 죽은 후 영혼이 두 기둥 사이에 머문다고 생각하였다.

100 _ 삼농식해三壟植楷

삼년상을 치르면서 해나무를 심다

【원문】

孔子卒, 弟子盧墓. 各攜四方之木植之. 子貢所植楷, 在三壟前甬道左, 高大迥別群木. 至今老幹猶前, 可以觀其植異也.

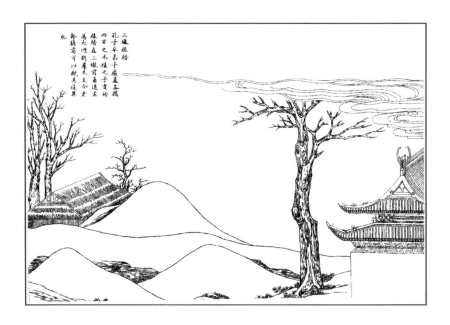

공자가 죽은 후 제자들이 모여 초막을 짓고 묘를 지켰다. 모두가 각지各地의 나무 종자를 가져와 묘의 주위에 심었다. 자공子貢은 해楷나무의 종자를 묘 앞의 길 왼편에 심었는데, 크고 높게 자라나서 멀리서도 다른 나무들과 구별되었다. 오늘날에 이르기까지 여전히 그곳에 있는데 다른 나무들과 확연히 다름을 볼 수 있다.

【역주】

1) 이 고사는 『논어』, 『공자가어』, 『사기』「공자세가 」등에는 나오지 않는다.

101—치임별귀治任別歸

제자들이 상을 치르고 돌아가다

【원문】

孔子葬魯城北泗上. 弟子皆服心喪三年畢, 相揖而去, 各復盡哀. 惟子貢廬於塚上凡六年, 然後去. 弟子及魯人, 往從塚上而家者, 百有餘室.

【해역】

공자의 장례를 노魯나라 도성의 북쪽 사수泗水변에서 치렀다. 제자들은 모두
마음을 다해 삼년상을 치렀으며, 상을 마친 후 서로 예를 표하며 자기 자리로
되돌아갔는데 이때 제자들은 각기 스승을 잃은 슬픔을 나타내었다. 그 중에서
도 오직 자공子貢만이 초막을 짓고 다시 삼 년을 더하여 육 년 간이나 공자의
무덤을 지키다가 떠나갔다. 제자들과 노나라 사람 중에 공자의 무덤 가까운 곳
으로 이주한 사람들이 무려 100여 가구나 되었다.

【역주】

1) 이 고사는 『공자가어』 「종기해終紀解」에 나오며, 『사기』 「공자세가孔子世家」
   에도 기록되어 있다.

2) 사수泗水 : 지금의 중국 산동성 곡부 근처에 있는 강 이름. 공자가 이곳에서 제
   자를 가르쳤기 때문에 사수는 공자의 문도라는 의미도 함께 지니고 있다.

3) 『공자가어』와 「공자세가」의 기록을 좀 더 소개하자면, 공자가 죽은 후 사람들
   이 이곳에 모여와 살아서 '공리孔里'라는 마을이 생겼다고 한다. 그리고 매년
   공자에게 제사를 지냈으며, 공자가 쓰던 의관, 책, 수레 등을 모으고 사당을
   지었다고 한다. 그것이 오늘날의 '공묘孔廟'이다.

102 ─ 애공입묘哀公立廟

애공이 공자의 사당을 세우다

【원문】

魯哀公十六年, 孔子卒. 哀公立廟, 置守廟人一百戶.

노魯나라 애공哀公 16년(기원전 479)에 공자는 세상을 떠났다. 애공은 공자에게 제사를 지내기 위한 사당을 세웠으며, 아울러 사당을 지킬 100여 호의 가구를 옮겨와 살도록 하였다.

【역주】

1) 『공자가어』와 『사기』「공자세가」, 그리고 『예기』 등에는 애공이 공자를 위해 조문을 읽었다는 기록이 있다.

103 — 한고사노漢高祀魯

한 고조가 공자에게 제사를 지내다

【원문】

魯歲時奉祀孔子冢, 後世因廟, 藏孔子衣冠琴書. 至漢二百餘年不絶.
高皇帝過魯, 以太牢祀焉.

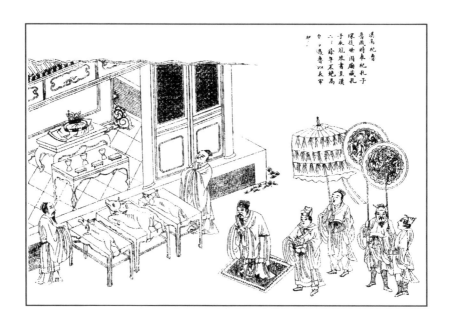

노魯나라에서는 해마다 공자의 묘에서 제사를 지냈는데, 후세에는 공자의 사당에 공자가 쓰던 의관, 거문고, 수레, 서책 등이 보관되었다. 한대漢代에 이르기까지 200여 년 동안 이 제사는 한번도 끊어진 적이 없었다. 한 고조高祖 유방 劉邦 역시 공자의 고향인 노나라 곡부曲阜를 지나면서 소, 양, 돼지의 제수祭需를 갖추어 공자에게 제사를 지냈다.

【역주】

1) 태뢰太牢 : 소·양·돼지를 한 마리씩 갖추어서 올리는 제사를 말한다. 이는 제사 중에서도 가장 성대한 제사를 의미한다.

104 — 진종사노眞宗祀魯

송 진종이 공자에게 제사를 지내다

【원문】

宋眞宗東封還幸曲阜, 謁孔子廟. 初有司定儀, 肅揖而已. 上特韠袍稱
名, 酌獻再拜. 詣叔梁紇堂, 命近臣分奠七十二弟子, 遂幸孔林奠拜, 又
詔以親奠祭器, 俱留廟中, 加諡孔子爲玄聖文宣王.

【해역】

송宋의 진종眞宗이 봉선封禪의 제를 올리기 위해 산동山東 태산泰山에 가던 길에 곡부曲阜에 들러 공자의 사당에 배알하였다. 처음 관리들이 제정한 의례는 다만 손을 모아 공수를 하면서 머리를 숙이는 것이었다. 진종은 이것이 존경의 의미를 충분히 나타내지 못한다고 생각하여, 특별히 술을 부어서 올리고 재배再拜하였다. 또 진종은 공자의 아버지인 숙량흘叔梁紇의 사당에도 참배하고, 대신들에게 명하여 공자의 72제자에게도 제사를 지내 추모하도록 하였다. 또 공림孔林에 행차(幸)하여서도 제사를 올렸으며, 직접 제사에 필요한 제기들을 진설하였다. 이때 사용된 제기들을 사당 안에 보관하였으며, 공자에게 '현성문선왕玄成文宣王' 이라는 시호를 내렸다.

【역주】

1) 진종眞宗 : 송나라의 세 번째 황제로 재위 기간은 996년에서 1022년까지이다. 그가 재위하는 동안 거란과 문제가 있었지만 공물을 바치는 등의 외교 정책으로 전쟁이 일어나지 않았으며, 국가 재정을 어느 정도 풍족하게 유지하였다. 그는 천자의 위엄을 과시하고자 태산에서 하늘에 대한 제사를 지냈다.

2) 봉선封禪 : 제왕이 태산에서 하늘과 땅에 제사지내는 의식. 흙을 쌓아 단을 만든 후에 하늘에 지내는 제사를 '봉' 이라 하고, 땅을 허물어 터를 다진 후 땅에 지내는 제사를 '선' 이라 한다. 이 봉선 의식은 이미 주나라 때부터 있어 왔으며, 보통 태산泰山에서 봉, 즉 하늘에 제사지내고, 태산 남쪽에 있는 양보산梁父山에서 선, 즉 땅에 제사를 지냈다.

3) 행幸 : 천자의 행차에 대하여 붙이는 명칭.

공자의 일생

1. 공자의 출생 - 몰락한 귀족가문 출신의 공자

공자孔子는 춘추春秋 시대 노魯나라(지금의 山東省 曲阜)에서 태어났다. 공자의 이름은 구丘이고, 자字는 중니仲尼이다. 이름이 '구' 이고 자가 '중니' 인 것은 공자의 모친인 안징재顔徵在가 니구산尼丘山에서 기도한 후 공자를 낳았기 때문인데, 일설에는 공자가 태어날 때부터 정수리 부분이 낮아 마치 니구산의 모습을 하고 있었기 때문에 이름을 구라고 했다는 주장도 있다. 『사기史記』에 근거하면 그는 기원전 551년 9월 28일에 태어나 기원전 479년 3월 4일 73세를 일기로 사망하였다.

공자의 어머니가 공자를 낳기 전 기도했다는 니구산은 곡부 남쪽 30Km 지점에 있으며, 중국 산동성山東省에 있는 태산泰山의 지맥支脈이다. 이 니구산의 서쪽에 창평산昌平山이 있고, 그 산 아래에 창평향昌平鄕(지금의 魯源村)이라는 마을이 있는데, 여기서 공자가 태어났다고 전해진다.

공자의 조상은 송宋나라의 귀족이었다. 송나라의 시조는 미자계微子啓이며, 미자계가 사망한 후 그의 동생인 미중微仲이 왕위를 계승했다. 이 미중이 바로 공자의 직계 조상이라고 전해진다. 송나라는 노나라에 인접한 국가이다. 공자의 6대

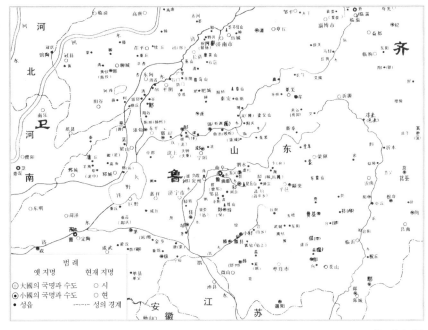

고대 노나라 지도

조인 공보가孔父嘉가 궁정 내란에 휩싸여 피살되자 공자의 5대조 목금보木金父가 노나라로 피난하면서 노나라 사람이 되었다고 한다. 미중으로부터 공자 부친인 숙량흘叔梁紇까지는 모두 14대이며 그 가계는 대체로 다음과 같다.

宋 微子啓
  ↓   →厲公鮒祀(불보하의 동생으로 위를 계승)
①微仲→②宋公稽→③丁公申→④緡公共→⑤弗父(부사의 형으로 동생에게 양위힘)→

⑥宋父周→⑦世子勝→⑧正考父→⑨孔父嘉 ⑩木金父(宋나라를 떠나 魯나라로 이주)→

⑪睾夷→⑫防叔→⑬伯夏→⑭叔梁紇→⑮孟皮(伯尼)-공자의 이복형
                          →⑮孔丘(仲尼)

231

불보하弗父何는 공자의 10대조로, 그의 부친은 송나라 민공緡公(이름은 共)이다. 민공에게는 두 아들이 있었는데, 맏아들이 불보하이고 둘째가 부사鮒祀(方祀라고도 함)이다. 하지만 민공이 사망하면서 그 위位를 아들에게 물려주지 않고 동생인 희熙(煬公)에게 물려주자, 부사가 불복하여 숙부인 희를 살해하는 사건이 벌어지게 되었다. 이러한 사건을 겪은 후 본래 장자인 불보하가 그 부친의 위를 계승해야 했지만, 불보하는 동생인 부사에게 제후의 자리를 양보함으로써 부사는 여공厲公이 되었고, 불보하는 송나라의 대부大夫가 되었다.

공자의 부친인 숙량흘叔梁紇은 송나라로부터 노나라로 이주해 온 목금보木金父의 4대손이다. 노나라로 이주해온 이후 앞의 4대는 그다지 두각을 나타내지 못하였지만, 숙량흘에 이르러 조금씩 그 이름을 날리기 시작하였다. 그것은 숙량흘의 두 번에 걸친 전공 덕택이었다. 기원전 563년에 진晉나라를 중심으로 몇몇 제후국이 연합하여 핍양偪陽의 조그만 제후국을 공격할 때, 숙량흘은 노나라의 귀족인 맹헌자孟憲子의 무사로 참전하여 전공을 세웠고, 7년 후인 기원전 556년에 제齊나라가 노나라를 침입했을 때도 혁혁한 전공을 세움으로써 세상에 이름을 날리게 되었다. 그러나 뛰어난 전공에도 불구하고 그는 귀족 중 가장 낮은 계급인 무사 신분에 불과했으며, 추읍鄹邑의 대부大夫라는 낮은 관직에 올랐을 뿐이었다.

숙량흘이 제나라와의 전투에서 승리하고 돌아왔을 때, 그의 나이는 이미 60세가 넘었다. 그는 처음 시施씨와 혼인하였으나 딸만 아홉을 낳았으므로, 후에 다시 첩을 들여 큰아들 백니伯尼(또는 孟皮라 부르기도 함)를 낳았다. 하지만 백니는 다리가 불구인 장애인이었다. 그리하여 그는 다시 채 20세가 되지 않은 안씨 즉 안징재顔徵在와 혼인하여 공자를 낳았다. 안씨와 혼인할 때 숙량흘의 나이는 66세 전후로, 안씨와 숙량흘은 50세 가까운 나이 차가 있었다. 이러한 나이 차 때문인지 사마천은 『사기史記』「공자세가孔子世家」에서 '야합野合' 이라는 모호한 표현을 써서 둘의 결합을 묘사함으로써 공자의 탄생에 얽힌 이야깃거리를 제공하였다. '야野' 에는 '야외', '들판' 이라는 뜻도 있지만, '조야粗野하다' 는 뜻도 있어

후자의 의미로 해석할 경우 '예의에 맞지 않는 결합'이라는 뜻이 된다. 고대 중국에서는 64세가 넘어 혼인하는 것을 예의에 맞지 않는 것으로 보았던 것이다.

숙량흘과 안징재의 결혼 생활은 오래가지 못하였는데, 이는 숙량흘이 공자의 나이 세 살 되던 해에 사망하였기 때문이다. 숙량흘이 사망한 후 안징재는 추읍을 떠나 어린 공자를 데리고 노나라의 도읍이었던 곡부성曲阜城 안의 궐리闕里로 이주하였다.

2. 유년 시절

노나라는 서주西周 초기 주공周公(성은 姬, 이름은 旦)에게 내려진 봉지이다. 그런데 주공은 무왕을 보좌하다가, 무왕이 사망한 뒤에는 다시 어린 성왕을 도와 섭정을 하였기 때문에 늘 주나라의 도읍이었던 낙읍洛邑(현재의 河南省 洛陽市)에 머물렀고, 그를 대신해 큰아들 백금伯禽이 노나라로 부임해 오면서 많은 서적들을 함께 가져오게 되었다. 그렇기 때문에 춘추 시대 말기까지 주나라의 문물을 가장 잘 보존한 곳이 바로 노나라였다. 공자는 바로 이러한 풍부한 고문화 전통의 환경 속에서 성장하였고, 이것은 그의 일생을 결정한 중요한 요소로 작용했을 것으로 추측된다.

숙량흘이 사망한 후, 세 살에 불과했던 공자와 그의 모친인 안징재는 추읍鄒邑에서 곡부성의 궐리로 이주하였다. 이주의 이유는 복잡한 가족 관계에 있지 않았을까 추측할 수 있다. 20세 전후의 나이 어린 과부 안징재가 처와 첩 그리고 그 자식과 함께 생활하기란 쉽지 않았을 것이다. 또한 일설에는 안씨의 친정이 곡부의 유력한 귀족이었으므로 그들에게 생활 기반을 마련해줄 수 있었을 것이라는 주상도 있다.

유년 시절의 공자에 관한 기록 가운데 『사기』 「공자세가」에는 공자가 5·6세 때 아이들과 놀면서 조두俎豆(제사에 쓰이는 그릇) 등의 제기를 차려놓고 예절을 연습했다는 언급이 있다. 어린아이가 제사 연습을 놀이 삼아 했다는 것은 믿기 어렵지만, 그 당시 사회가 제사에 관한 예의를 상당히 중시했다는 사실을 상기한다면 그러한 분위기 속에서 공자의 놀이는 하나의 자연스러운 행위일 수도 있을 것이다.

『사기』『공자세가』의 기록에 의하면 공자의 나이 17세에 모친 안씨가 사망하였다. 모친이 사망하자 공자가 해야 했던 첫 번째 일은 당시의 풍습에 따라 부친의 묘지에 모친을 합장하는 것이었다. 그러나 3세에 부친을 잃고 고향을 떠나온 공자는 부친의 묘지가 정확하게 어디에 위치해 있는지조차도 알지 못했다. 그래서 그는 모친의 빈소를 사람들의 왕래가 잦은 오보五父의 길가에 차려 놓고 지나가는 사람들의 관심을 집중시킴으로써 숙량흘의 장례에 참석했던 사람을 만날 수 있었고, 결국 부친 숙량흘의 묘지를 찾아 모친을 합장할 수 있었다. 공자 부모의 묘지가 있는 곳은 곡부에서 동쪽으로 10Km 정도 떨어진 방산防山이다. 그곳에 있는 양공림梁公林이 바로 공자의 부모와 그 이복형인 백니伯尼가 묻혀 있는 곳이라 전해진다. 어린 나이에 모친을 잃은 경황 없는 와중에서도 침착하게 상을 마친 것에서 공자의 인물됨을 짐작할 수 있다.

모친이 사망한 후 얼마 지나지 않아 노나라의 대부였던 계손씨季孫氏가 나라 안의 선비(士)들을 초청해 연회를 베풀었다. 그때 공자는 상복도 벗지 않은 상태였지만, 추읍의 대부였던 숙량흘의 아들인 자신도 참가 자격이 있다고 생각하여 이 연회에 참석하려 했다. 그러나 계손씨의 가신家臣이었던 양호陽虎에 의해 쫓겨나는 수모를 겪어야 했다.

3. 청년 시절

공자는 19세 때에 송나라 사람 견관씨幵官氏를 부인으로 맞아들여 이듬해에 아들을 낳았는데, 젊은 나이에도 불구하고 노나라의 군주 소공昭公이 잉어를 보내

올 정도로 이름이 알려져 있었다. 공자는 소공이 잉어를 보내온 것을 영광스럽게 생각하여 아들의 이름을 리鯉, 자字를 백어伯魚라고 지었다.

공자는 어렸을 때부터 모친을 도와 집안 일을 했었고, 모친이 사망한 후에는 직접 생계를 위해 일하지 않을 수 없었다. 그래서 훗날 공자는 "내가 어렸을 때는 집안이 가난하여 생계를 위해 험한 일을 했었다"라고 회상하기도 하였다. 이러한 현실적 경험은 두 번에 걸친 하급 관리 생활을 무난히 마칠 수 있도록 도왔을 것이다. 이 시기, 즉 20세를 전후하여 공자는 창고의 출납을 관장하는 위리委吏와 소와 돼지 등의 가축을 관리하는 승전乘田이라는 하급관리 생활을 하였는데, 『논어論語』「자한子罕」과 『사기』「공자세가」의 기록에 따르면 그 임무를 훌륭히 수행했던 것으로 보인다.

이 밖에도 20대 중·후반기에 공자는 주공周公의 태묘太廟에서 제사 의식을 집전하기도 하였는데, 제사를 지내며 모든 일을 다른 사람에게 물어보고 처리하였다는 일화를 남기기도 하였다. 또 사양師襄에게 거문고를 배우기도 하였다.

그 후 30세 초반에서 50세를 전후하여 중도재中都宰라는 관직을 얻을 때까지 대략 20여 년 동안의 행적에 대한 기록은 거의 남아 있지 않으며, 부분적으로 남아 있는 기록 역시 대부분 후대에 추정한 것에 불과하다. 그럼에도 이 시기에 주목할 만한 부분에는 다음과 같은 몇 가지가 있다.

먼저 공자 스스로가 자신의 일생을 평가하면서 30세를 '세웠다'(立)고 표현했다는 점이다. 이것은 15세에 학문에 뜻을 둔 후로부터 30세가 되었을 때 비로소 그 학문적 기초가 견고하게 닦여졌음을 이른 말이다. 또한 그 후 40세의 '불혹不惑'(흔들리지 않음), 50세의 '지천명知天命'(천명을 앎), 60세의 '이순耳順'(듣는 바가 거슬림이 없음), 그리고 70세의 '종심소욕물유구從心所欲不踰矩'(마음이 히고자 하는 대로 행동하더라도 결코 규범을 넘어서지 않음) 등 스스로 설명하고 있는 학습과 성장의 과정은 사실상 바로 이러한 견고한 학문적 기초 위에서 가능했던 것이다. 따라서 30세를 전후하여 그 학문적 기초가 견고하게 닦여졌다고 선언한 것은 그의 일생을 결정한 중요한 의미를 가진다고 할 수 있겠다.

그리고 이 시기, 즉 33세를 전후하여 공자는 노나라 소공昭公의 경제적 원조를 얻어 주周나라의 수도였던 낙읍洛邑까지 천릿길을 가서 노자老子에게 예禮에 관해 물었다는 기록이 있다. 35세를 전후하여서는 그에게 일신상의 큰 변화가 일어났는데, 그것은 바로 노나라에서 내란이 일어나 소공이 제齊나라로 망명하게 되고, 공자 역시 소공을 따라 함께 제나라로 가게 된 것이다. 이 내란의 원인은 무엇보다도 노나라 왕실의 세력 약화와 귀족들의 전횡, 특히 계손씨에게 국가의 권력이 집중되었던 것에 있었다. 노나라 소공은 계손씨의 세력을 약화시키고 왕실의 권위를 회복하려 노력하였고, 마침 그 해 여름에 계평자季平子와 또 다른 귀족인 후소백郈昭伯이라는 두 집안 사이에 권력투쟁이 벌어지게 되었다. 이러한 상황에서 노나라 소공은 후소백을 지지함으로써 계손씨를 견제하려 하였다. 그러나 당시 강력한 귀족 세력이었던 숙손씨叔孫氏와 맹손씨孟孫氏가 계손씨를 지지함으로써 내분은 소공의 패배로 끝나고, 결국 제나라로 망명할 수밖에 없었던 것이다.

내란의 소용돌이 속에서 공자 역시 소공을 따라 제나라로 갔으며, 그곳에서 대략 2년 정도 머무르다 노나라로 되돌아왔다. 제나라에 거주하는 동안 전해지는 공자의 행적으로는 크게 세 가지를 들 수 있다. 첫째, 『사기』에 기록되어 있듯이, 공자는 제나라의 경공景公에게 접근하기 위해 당시 평판이 좋지 않았던 귀족인 고소자高昭子의 가신이 되었다. 이 기록에 대해 후대의 유학자들 간에 많은 논란이 있었지만 대체로 믿을 만하다고 생각된다. 둘째, 공자는 제나라에 머무르면서 제나라의 악관樂官이었던 태사太師로부터 주周나라 고대의 음악에 대해 배웠다. 셋째, 제나라의 경공景公과 정치 문제에 대해 논의할 기회가 있었다. 이때의 면담에서 공자는 유명한 '군주는 군주답고, 신하는 신하다우며, 아비는 아비답고, 자식은 자식다워야 한다' (君君, 臣臣, 父父, 子子)는 정명론正名論과 "정치의 근본은 재정의 절약에 있다" (政在節財)는 정치론을 주장함으로써 경공의 주목을 받았다. 그러나 제나라의 세도가였던 안영晏嬰의 반대로 실제 정치에 등용되지는 못하였고, 오히려 신변의 위험 때문에 제나라를 떠나 고국인 노나라로 돌아갈 수밖에 없었다.

노나라로 돌아온 후 공자의 명성은 점차 높아져 갔지만, 정치적 입지를 다질 기회는 얻지 못했다. 공자가 제나라로부터 돌아온 때를 전후하여 노나라의 권력자였던 계평자季平子는 이미 사망하였고, 그를 계승해 집정한 계환자季桓子는 계평자의 가신이었던 양호에 의해 조종되고 있는 형편이었다. 다시 말해서 노나라의 실질적 정치 권력은 양호의 손안에 들어가 있었다. 이렇듯 일개 귀족의 가신에 불과했던 양호가 국사를 농단하는 상황에서, 양호는 국내외에 이미 명성이 자자한 공자와 관계를 맺음으로써 자신의 위치를 더욱 단단히 할 필요가 있었기 때문에 공자를 만나고자 하였다. 그러나 공자는 여러 구실을 대며 양호를 만나지 않았다.

그런데 당시에는 대부大夫가 선비(士)에게 예물을 하사하였을 때 선비가 집을 비우고 없어서 그 예물을 직접 받지 못할 경우 반드시 대부의 집으로 찾아가 고마움을 표하는 관습이 있었다. 이를 이용해 양호는 일부러 공자가 집을 비운 틈에 돼지를 보냄으로써 어쩔 수 없이 자신을 찾아오도록 하였다. 공자는 양호의 의도를 짐작하고 그 역시 양호가 집을 비운 사이에 찾아가 답례를 하였다. 하지만 공교롭게도 돌아오는 길에 그와 마주치고 말았다. 이렇게 하여 47세를 전후하여 공자는 약 30년 만에 양호와 다시 한 번 만나게 되었다. 『논어』 「양화」에는 이때의 사정이 기록되어 있다. 이 만남에서 비록 공자는 "제가 곧 벼슬길에 나서겠습니다"(吾將仕矣)라고 대답하기는 하였지만, 실제로 벼슬길에 나가지는 않았으며, 이후 양화가 반란을 일으켰다 실패한 후, 진晉나라로 도망을 가게 되자 비로소 관직에 올랐다.

4. 관료 시기

공자가 노나라에서 관직에 올랐던 시기는 겨우 4년 여 동안으로 대략 51세부터

55세까지(기원전 501년~기원전 497년)이다. 이 사이에 공자는 세 가지의 관직을 맡았는데, 첫 번째 관직이 바로 중도재中都宰이다. 중도中都는 현재의 산동성山東省 문상현汶上縣 서쪽에 위치해 있는 노나라의 현縣으로, 중도재란 곧 중도현中都縣의 현령縣令을 가리킨다.

『사기』에는 중도재가 되어 일 년이 지나자 다른 지방에서 모두 본받으려 했다는 기록이 있을 뿐 구체적인 공적에 대해서는 언급되어 있지 않다. 반면에『공자가어孔子家語』에는 비교적 구체적으로 중도재로서의 공적에 대한 기록이 전해진다. 이 기록에 따르면 공자는 나이의 많고 적음에 따라 식량을 분배하고 체력의 강약에 따라 일을 배분하는 정책을 시행하였다고 한다. 이렇게 하자 남녀가 구분되고, 길거리에 떨어져 있는 물건은 주인이 아니면 줍지 않았으며, 장사를 하면서 남을 속이는 일이 없어졌고, 상례를 치를 때는 4촌寸의 관과 5촌의 곽을 사용하였으며, 구릉에 묘지를 마련하게 되었다고 한다.

이렇게 중도재의 임무를 훌륭히 수행하였으므로, 공자는 지방의 현령에서 중앙정부의 소사공小司空으로 승진하였다. 원래 대사공大司空은 맹손씨 집안에 세습된 관직으로 현재의 건설부, 혹은 농림부 장관에 해당한다. 그리고 그 아래에 사공司空 또는 소사공小司空을 두어 보좌하게 하였는데, 이 직위는 현재의 차관급에 해당한다.『공자가어』의 기록에 따르면 공자는 토지를 산림, 하천, 구릉, 고원, 평지로 구분하고 그 특성에 따라 농작물을 재배하도록 하였다. 그러나 그 결과가 어떠했는지에 대해서는 언급하지 않고 있으며, 그렇기 때문에 어떤 학자들은 공자가 사공이라는 관직을 지냈다는 사실 자체에 대해 의심하기도 한다. 아마 사공이라는 관직을 지냈다고 하더라고 상당히 짧은 시간에 불과했을 것이다.

기원전 500년, 공자는 마침내 삼경三卿(司徒, 司馬, 司空)과 대등한 벼슬인 대사구大司寇에 오른다. 현재의 관료 조직에 비추어본다면 대사구는 경찰청장에 해당하는 직위이다. 공자의 관직 생활은 겨우 4년 정도였지만, 이 가운데 대사구의 생활이 가장 길어 대략 3년 동안 대사구의 직책을 맡았다. 이 시기 공자의 행적에 대한 기록 역시 그다지 충분하지 않지만 중도재나 소사공 시절에 비하면 그래도 많은 행적이 드러나고 있다. 그 중에서 중요한 몇 가지 사건들을 살펴보면 대체로 다음과 같다.

노魯나라의 정공定公 10년(기원전 500) 늦은 봄에 제齊나라 경공景公과 노나라 정공이 협곡夾谷(현재의 山東省 萊蕪縣)에서 회합을 가졌다. 이때 공자가 보인 활약상은 오늘날까지 인구에 회자되고 있다. 당시 제나라는 강대국인 반면 노나라는 약소국이었다. 제나라의 경공은 이때의 회합을 통해 제나라의 힘을 보여 줌으로써 노나라를 굴복시키고자 하였다. 먼저 제나라는 주변 여러 나라의 음악을 연주하며 자신들의 위세를 드러내고자 하였지만, 공자는 양국의 군주가 만난 자리에 예의에 맞지 않는 음악이 연주되는 것을 지적함으로써 먼저 기선을 제압하였다. 또 제나라는 자신이 전쟁을 벌였을 때 노나라가 3백 대의 병거를 지원해야 한다고 요구하면서, 만약 노나라가 이렇게 지원하지 않는다면 제·노 두 나라의 동맹은 깨어지고, 제나라는 노나라를 정벌하지 않을 수 없게 될 것이라고 경고하였다. 이에 대해 공자는 제나라가 노나라로부터 빼앗아간 운鄆(지금의 山東省 諸城縣 일대), 문양汶陽, 구음龜陰 등의 땅을 노나라에 돌려주지도 않은 채 군사 지원만을 요구하는 것 역시 두 나라의 연맹을 깨는 것이라고 대응함으로써 제나라가 병합한 지역을 노나라에 돌려주지 않을 수 없도록 만들었다. 이렇듯 공자는 협곡의 회합에서 그 당시 표면적으로나마 중요하게 여겨졌던 예의를 무기로 삼아 강대한 제나라를 굴복시켰을 뿐만 아니라 주권 국가의 체면을 유지할 수 있었다.

또 다른 공자의 중요한 행적 중의 하나는 바로 비費, 후郈, 성郕 세 곳의 성곽을 예법의 규정에 맞추어 헐어버리고자 시도한 일이다. 당시의 예법에 의하면 대부大夫는 1백 치雉(1치는 높이 열 자, 길이 서른 자)의 성벽을 쌓을 수 없있지만, 국정을 농단하고 있던 계손씨와 맹손씨, 숙손씨의 성곽은 모두 이러한 규정을 넘어서고 있었다. 표면적인 이유는 예법을 내세웠지만 사실 공자의 주된 목적은 그들의 권력을 약화시키고자 하는 것이었다. 그러나 숙손씨의 영지였던 후성郈城으로부터 시작된 성곽을 헐어버리는 작업은 계손씨의 영지인 비성費城을 헐 때부터 강력한 저항에 부딪치게 되었고, 결국 맹손씨의 영지인 성성郕城을 헐어버리지 못함으로써 삼환三桓(노나라 桓公의 세 아들과 그 후예들, 즉 맹손씨와 숙손씨, 그리고 계손씨를 가리키며, 그 중에서 계손씨의 세력이 가장 컸다)의 성을 헐어버리고자 하는 공자의 시도는 실패로 끝나고 말았다. 공자가 이 세 곳의 성곽을 헐어버리려 한 것은 당연히 그 당시 국사를 농단하고 있던 삼환 세력을 견제하고 왕권을 회복하기 위한 것이었다. 따라서 그의 이러한 노력은 당연히 삼환 세력의 저항과 반대에 부딪치지 않을 수 없었고, 그것은 실패의 주된 원인이기도 하였다.

대사구 시절 공자의 행적과 관련하여 덧붙여 살펴볼 만한 것에는 '소정묘少正卯를 사형시킨 사건'을 들 수 있다. 이 사건에 관한 내용은 『순자荀子』 「유좌宥坐」, 『여씨춘추呂氏春秋』, 『설원說苑』, 『공자가어孔子家語』, 『사기史記』 「공자세가孔子世家」 등에 기록이 남아 있다. 하지만 중국 청淸나라 때 학자들의 분석과 연구에 의하면 공자가 소정묘를 사형시킨 사건은 역사적 사실이 아닌 것으로 판단된다.

중국 청淸나라 시대 학자들이 공자의 소정묘에 대한 사형이 역사적 사실이 아니라고 판단하게 된 데는 대체로 다음과 같은 세 가지의 이유가 있다. 첫째로, 공자가 소정묘를 사형하였다는 기록은 다만 앞에서 든 몇몇 서적에만 기록되어 있을 뿐이고, 『논어論語』, 『춘추春秋』, 『좌전左傳』 등에는 기록되어 있지 않다는 점이다. 물론 이와 같은 책에 기록되어 있지 않다고 해서 그 사건이 일어나지 않았다고 섣불리 판단할 수는 없다. 그러나 공자가 소정묘를 사형에 처한 사건은 결코 작은 사건이 아니며, 따라서 여러 전적에 어떤 기록도 남아 있지 않다는 것은 설명하기 어렵다는 것이다. 둘째로, 소정묘에 대한 사형은 공자가 대사구에 오른 지 7일 만에 시행되었다. 이렇듯 대부大夫인 공자가 대부大夫인 소정묘를 관직에 오른 지 7일 만에 사형에 처한다는 것은 춘추라는 시대 상황 속에서도 가능하지 않은 일이었다는 점이다. 그리고 마지막으로 소정묘를 사형에 처하는 것은 공자가 일관되게 주장하는 그의 철학적 신념과도 위배된다는 점이다. '인仁'을 설파하는 공자가 '사형'이라는 극단적인 수단을 동원할 수 없다는 말이다.

　소정묘를 사형에 처한 것과 상관없이, 삼환의 성곽을 헐어버리는 일이 실패한 후 공자의 정치적 입지는 나날이 좁아지게 되었으며 공자 자신은 노나라에서 자신의 정치적 이상을 실현할 수 없다는 사실을 자각해 가고 있었다. 그때 마침 제나라는 노나라의 국정을 어지럽게 하는 동시에 공자가 노나라에서 활동할 수 있는 여지를 없애기 위해 가무에 능한 미녀 80명과 준마 30마리를 노나라의 계환자에게 보내 왔다. 계환자는 제나라에서 보내 온 미녀들에 현혹되어 정사를 돌보지 않게 되었다. 그리고 마침내는 하늘에 제사를 지낸 후에 그 음식을 대부들에게 보내는 예법을 지키지 않았으므로, 공자는 모든 희망을 접고 관직을 사퇴한 후 노나라를 떠나 자신의 정치적 이상을 펼칠 수 있는 나라를 찾아나서게 되었다.

5. 주유열국 시기

　공자는 노나라에서 정치적 좌절을 맛본 후, 자신의 정치적 이상을 실현할 수 있는 나라를 찾아 길을 나섰다. 그렇게 떠난 길이 14년 동안이나 계속될 줄은 그 자신도 미처 예상하지 못했을 것이다. 이 14년 동안 공자는 위衛·진陳·조曹·송宋·정鄭·채蔡 등의 6개 국가에 머물렀고 광匡, 포蒲, 추향陬鄕, 협叶(楚나라) 등의 지역을 경유하였다. 이러한 국가와 지역들은 모두 현재의 산동성과 하남성에 위치해 있다. 즉 공자가 14년 동안 주유한 지역은 산동성의 노나라로부터 서쪽과 북쪽으로는 황하를 건너지 않았고, 남쪽으로는 장강에 이르지 않았으므로 방원 2천 리가 못되는 지역에 불과하다. 그러나 2500년 전, 자신의 정치적 이상을 실현하려는 하나의 일념을 간직한 채, 열악한 환경과 조건 속에서 끝내 그 뜻을 굽히지 않았다는 사실만으로도 우리는 그의 위대함을 확인할 수 있다.

　이와 같은 공자의 14년에 걸친 제후국의 주유 과정에 대해 학자들의 견해는 여전

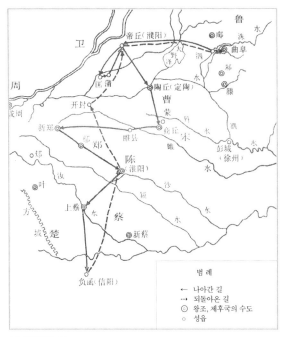

공자주유열국도

히 완전히 일치하지 않고 있다. 하지만 공자와 관련된 주요 문헌과 근현대 학자들의 연구 성과를 종합해 볼 때, 공자의 14년 간에 걸친 열국주유의 과정은 크게 세 단계로 나누어 살펴볼 수 있다. 첫 번째 단계는 위나라(현재의 하남성 북부에 위치해 있으며, 도읍은 帝丘)를 중심으로 한 활동 기간이고, 두 번째 단계는 진나라를 중심으로 한 활동 기간이며, 세 번째 단계는 다시 위나라로 돌아와 활동한 기간이다. 14년 동안 계속된 공자의 주유열국은 사실상 이렇게 위나라와 진나라를 중심으로 이루어졌고, 그것은 공자가 위나라에서 전후 두 번에 걸쳐 약 10년을, 그리고 진나라에서는 약 3년을 보냈다는 점에서도 명확히 드러나고 있다. 즉 그는 14년 동안 계속된 주유열국 시간의 대부분을 사실상 위나라와 진나라에서 지냈던 것이다.

주유열국 과정의 제1단계는 위나라를 중심으로 이루어졌다. 이 기간은 공자가 노나라를 떠난 때(기원전 497)로부터 노나라 애공 2년(기원전 493) 가을까지의 약 5년 동안이었다. 당시 공자가 관직을 사퇴한 후 노나라를 떠나면서 첫 번째 방문국으로 위나라를 선택한 것은 대체로 다음과 같은 배경을 가진다. 먼저 공자는 대사구로 있을 때, 협곡에서 제나라의 경공을 곤란하게 하였고 그 뒤 제나라에서는 미녀와 준마 등을 노나라에 보내 노나라의 정사를 어지럽게 하였으므로 공자는 북쪽의 제나라로는 가고 싶지도 않았고, 또 갈 수도 없었을 것이다. 반면에 위나라는 정치와 경제가 안정되어 있었을 뿐만 아니라 자로子路의 처남인 안탁추顔濁鄒(顔讐由라 부르기도 함)가 위나라의 대부로 있었고, 그밖에 거백옥蘧伯玉, 사어史魚, 공숙문자公叔文子, 공자형公子荊 등과 같은 현인들이 있어 자신의 이상을 실현할 수 있는 조건을 갖추었다고 생각했기 때문이다.

위衛나라에 도착한 공자는 자로의 처형인 안탁추의 집에 머무르며 위나라의 영공靈公을 알현하고, 그로부터 공자가 노나라에서 받던 봉록에 준하는 양의 봉록을 받기도 하였다. 그러나 영공은 공자의 정치적 이상과 그것의 실현에 대해서는 그다지 관심이 없었으므로 공자를 등용하지도 않았다. 그래서 공자는 자신의 뜻을 펼칠 수 있는 나라를 찾아 다시 길을 떠났는데, 위나라와 진나라의 경계인 광匡 지역에서 양호로 오인을 받아 곤경을 겪기도 하였다. 광 지역에서 풀려난 후 공자는 진晉나라로 들어가 그 당시 진나라의 실권자였던 조간자趙簡子에게 의탁해 자신의 정치적 이상을 펼치려 하였으나, 도중에 조간자가 어질고 지혜로운 사람들인 두명독竇鳴犢과 순화舜華를 죽였다는 소식을 듣고 발길을 돌려 다시 위나라로 돌아올 수밖에 없었다.

위나라로 돌아온 공자는 거백옥의 집에 머무르며, 영공의 신임을 얻기 위해 그의 부인 남자南子를 만나기도 하고, 또 어떤 날에는 영공靈公이 그의 부인과 함께 수레를 타고 유람을 나갔을 때 그 뒤의 마차를 타고 영공의 마차를 따르기도 하였다. 그러나 공자는 결국 등용되지 못한다. 얼마 후 위나라의 영공이 사망하면서 군주위君主位의 계승 문제로 정세가 불안정해지자 공자는 곧 송宋나라로 떠났다. 하지만 송나라의 사마司馬인 환퇴桓魋로부터 곤경을 당해 정鄭나라로 도망하였고, 이 와중에 공자와 제자들은 서로 흩어지게 되었다. 제자들이 공자를 찾아 헤맬 때 어떤 사람이 정나라 도성都城의 동문東門에 '상갓집 개'(喪家之狗: 사람들에게 주목받지 못하는 존재)와 같은 사람이 있다는 말을 하였고, 그 말을 들은 제자들이 동문으로 찾아가 마침내 공자를 만날 수 있었다. 하지만 그렇게 고생하며 도착한 정나라에서도 환영을 받지 못하였으므로 공자와 제자들은 결국 진陳나라로 갈 수밖에 없었다.

공자가 노나라 애공 2년(기원전 493)에 위나라를 떠나 송나라와 정나라를 거쳐서, 진나라에 도착한 후 약 3년 동안 진나라에 머물렀다. 이 기간이 공자의 주유열국 기간의 제2단계가 된다. 진나라에 도착한 공자는 사성정자司城貞子의 집에 거주하였고, 또한 그의 추천으로 비록 유명무실한 것이긴 하였지만 진나라 민공湣公으로부터 관직을 하사받기도 하였다. 그러다가 노나라 애공 6년(기원전 489) 오나라가 진나라를 침략하자 초나라가 진나라를 지원하여 오나라 군대와 성보城父(현재의 安徽省 亳縣)에서 서로 대치하는 상황이 벌어졌다.

이렇듯 진나라에서 전쟁이 벌어지자 공자는 부득이 전쟁을 피해 채蔡나라로 피신하려 하였다. 그러나 공자는 피난을 가던 중 오나라와 초나라 병사의 전투에 휘말려 진퇴양난의 어려운 처지에 처하고 말았다. 식량은 떨어지고, 제자들은 굶주림에 지쳐 병들기도 했다. 그 와중에도 공자는 늘 생활하던 대로 제자들을 가르치고, 시를 읊고 거문고를 연주하기도 했다. 이것은 그와 같은 외적인 어려움은 그의 믿음과 신념을 무너뜨릴 수 없었음을 의미하는 것이다. 얼마 후, 공자는 자공을 초나라의 군막에 파견하여 자신들의 어려움을 호소함으로써 위험한 상황으로부터 벗어나 초나라의 변경 지역인 부함負函(현재의 河南省 信陽縣)에 도착할 수 있었다.

그 당시 부함에는 진나라를 공격하는 초나라 군대의 총사령관인 반제량潘諸梁의 군대가 주둔하고 있었는데, 반제량의 봉지가 엽葉이었기 때문에 그를 엽공葉

公이라 부르기도 하였다. 공자는 부함에서 그를 만나 정치에 관해 토론하기도 하였다. 그 뒤 초나라의 소왕昭王이 공자를 등용하여 7백 리의 봉지를 하사하고자 하였으나, 대부였던 자서子西의 반대로 공자는 끝내 초나라로 입국하지 못하였다. 이 과정에서 공자는 접여接輿, 장저長沮, 걸익桀溺 등과 같은 은둔자를 만나기도 하였다.

한편 그 당시 위나라는 결국 위나라 영공靈公의 손자인 첩輒(出公)이 권력을 장악하여 즉위함으로써 정세가 점차 안정되어 갔고 공자의 제자들 중 몇몇이 위나라에서 벼슬살이를 하고 있었으므로, 공자는 다시 위나라로 돌아가 즉위한 새로운 군주로부터 어떤 희망을 찾아보고자 하였다. 그래서 공자는 진나라를 거치지 않고 부함에서 곧바로 위나라로 돌아갔는데, 이때가 기원전 489년으로, 공자의 나이 63세였다.

다시 돌아간 위나라에서 공자는 5년 동안(기원전 488~기원전 484) 머물렀다. 이 기간이 공자 주유열국의 제3단계에 해당한다. 위나라로 가는 도중 자로가 공자에게 위나라의 군주가 정사를 맡긴다면 무엇부터 할 것이냐고 물었을 때, 그는 정명正名을 실천하여 명분名分부터 올바로 세울 것이라고 대답하지만, 위衛나라에 돌아간 공자에게 정사政事를 맡을 기회는 주어지지 않았다. 위나라의 출공出公은 공자를 등용하지도 않았을 뿐만 아니라 그에게 어떻게 정치를 해야 하는지 물어오지도 않았던 것이다.

공자가 이렇듯 위나라에서 자신의 이상을 펼치지 못하고 있을 때, 그의 제자인 염유冉有와 자공子貢, 번지樊遲 등은 노나라에서 벼슬살이를 하고 있었다. 마침 노나라 애공 11년(기원전 484) 제나라가 노나라를 공격하자 염유는 계손씨의 좌사左師로 참전하여 큰 전공을 거두게 되었다. 계강자가 그 승리의 비결을 묻자 염유는 그 모든 것을 공자에게 배웠다고 답하였다. 계강자는 염유의 말을 듣고 사람을 파견하여 공자를 모셔오게 함으로써 공자는 14년 만에 고국인 노나라로 돌아오게 되었으며, 이때 그의 나이는 68세였다.

6. 공자의 죽음

다시 돌아온 고국인 노나라에서 공자는 68세에서 73세까지 다만 5년 여의 여생을 보낼 수 있었을 뿐이다. 그러나 이 5년 동안 그의 인격과 학문과 사상은 한층 더 깊어지고 성숙해졌다. 공자는 나이 60에 '이순耳順', 즉 아무런 막힘이 없이 사물의 이치와 옳고 그름을 판단할 수 있는 경지에 이르렀다고 스스로를 평하였다. 그리고 고국인 노나라에 돌아와서는 "마음이 하고자 하는 대로 행동하더라도 결코 규범을 넘어서지 않는다"(從心所欲不踰矩)고 말함으로써 70세 이후에 스스로의 인격과 학문이 완성되었음을 선언하고 있다.

마지막 5년 동안 공자는 두 가지 일, 즉 제자들에게 학문을 전수하는 일과 고문헌을 정리하고 보존하는 일에 온 힘을 쏟았지만, 그 외에 그에게 일어났던 중요한 사건이나 활동을 살펴보면 대체로 다음과 같은 것들이 있다. 먼저, 계강자季康子가 전부田賦(토지에 대한 세금을 배로 증액하는 제도)를 시행하고자 자문을 구했을 때 공자는 그 제도가 예의에 부합하지 않는다고 생각하여 자문에 답하지 않은 일이 있었다. 하지만 제자인 염구는 스승의 뜻을 따르지 않고 계강자를 도와 이듬해에 결국 전부를 시행하고야 말았다.

다음으로는 애공哀公 14년(기원전 481)에 곡부 서쪽의 대야大野에서 기린麒麟이 잡힌 사건이다. 이때 공자는 노나라 은공隱公 원년(기원전 722)으로부터 노나라 애공 14년까지에 이르는 242년 간의 역사를 기록한 『춘추春秋』를 저술하고 있었다. 하지만 공자는 상서로운 동물인 기린이 잡혀 죽자 자신의 도道와 이상을 더이상 세상에 펼칠 수 없게 되었음을 깨닫고, 『춘추』의 끝에 '서쪽으로 사냥을 나가 기린을 잡다'(西狩獲麟)라고 기록한 뒤 더 이상 쓰지 않았다. 이것이 바로 후세에 전하는 '기린이 잡히니 붓을 놓았다'(獲麟絶筆)라는 말로, 한편으로는 『춘추』가 완성되었음을 뜻하고, 다른 한편으로는 공자의 생명 역시 곧 끝나게 되었음을 의미한다. 또 같은 해에 제齊나라의 전성자田成子(陳桓이라고도 불림)가 간공簡公을 시해하고 평공平公을 옹립하여 스스로 상국相國의 자리에 오르자, 공자가 노나라의 애공과 삼환에게 전성자를 토벌하여 군신 간의 의義를 바르게 세울 것을 주장하였지만 받아들여지지 않은 일이 있기도 하였다.

이러한 과정에서 공자의 부인 견관씨幵官氏는 공자가 노나라로 돌아오기 전인 노나라 애공 10년(기원전 485)에 먼저 세상을 떠났고, 외아들 공리孔鯉마저도 공자의 나이 70인 노나라 애공 13년(기원전 482)에 세상을 떠났다. 아내와 아들의 사망에 이어 공자는 다시 자신이 가장 사랑했던 제자인 안연顔淵과 자로子路의 죽음을 차례로 맞이하였다. 가족들의 죽음도 슬펐지만 안연의 죽음에 이르러서는 "아! 하늘이 나를 버렸구나"라고 하여 슬픔을 격정적으로 드러내기도 하였다.

제자인 안연과 자로가 죽고 나자 공자도 병들었다. 죽기 7일 전의 이른 아침, 공자는 지팡이를 짚고 문 앞에 서서 감회에 잠겨 다음과 같은 노래를 불렀다. "태산이 무너지려나보다! 기둥이 꺾이려나보다! 빛나는 사람이 죽으려나보다!" 이렇게 읊조린 후 제자인 자공子貢에게 "아무래도 내가 곧 죽으려나보다"라고 탄식하였다. 그 후 자리에 누웠으며, 다시 일어나지 못하고 7일 만에 세상을 떠났다. 이때가 노나라 애공 16년(기원전 479) 3월 4일(夏曆 2월 11일)로, 공자의 나이 73세였다.

공자는 곡부曲阜에서 멀지 않은 사수泗水 강가에 묻혔는데, 많은 제자들이 함께 3년상을 치렀다. 3년상이 끝나고 다른 제자들은 제각기 떠났으나, 유독 자공만은 다시 초막을 짓고 3년상을 한 번 더 치렀다. 이후 공자를 추모하는 제자들과 노나라 사람들이 공자의 묘지 주위에 나무를 심어 공림孔林이라는 숲을 조성하고, 또한 이곳으로 이사하여 '공리孔里'라는 마을을 형성하였다. 후대에 들어 공자가 살던 곳과 강학講學하던 곳, 제자들의 숙소 등을 공묘孔廟로 다시 조성하였다.

공자 연표

나이	서기 (BC)	주周	노魯	거주지	공자의 행적	비고
1	551	靈王 21년	襄公 22년	魯	공자(이름은 구丘, 자는 중니仲尼) 태어남.	圖2
3	549	23	24	魯	부친 숙량흘叔梁紇 사망(防山에 장사지냄) 노진과 함께 곡부성曲阜城 궐리闕里로 이사하다.	
6	546	26	27	魯	조두俎豆를 차려놓고 예절을 익히며 놀다.	圖6
15	537	景王 8년	邵公 5년	魯	학문에 뜻을 두다(志於學).	
17	535	10	7	魯	어머니 안징재顔徵在가 사망하자 아버지의 묘소를 찾아 합장하다. 계손씨季孫氏의 연회에서 양호陽虎에게 쫓겨나다.	
19	533	12	9	魯	송宋나라 사람 견관씨幵官氏의 딸을 부인으로 맞이하다.	
20	532	13	10	魯	아들 리鯉(字는 伯魚)가 태어나다. 승전乘田이 되어 가축 기르는 일을 담당하다.	圖8 圖9
21	531	14	11	魯	위리委吏가 되어 창고를 관리하다.	圖10
27	525	20	17	魯	담자郯子에게서 고대의 관제를 배우다.	
29	523	22	19	魯	사양師襄에게서 거문고를 배우다.	圖11
30	522	23	20	魯	학문의 기초를 마련하다(三十而立). 제자들을 모아 학문을 가르치기 시작하다. 노나라를 방문한 제齊나라의 경공景公과 안영晏嬰을 만나 진秦나라의 목공穆公이 패자가 된 까닭을 논하다.	圖12
34	518	敬王 2년	24	周	맹희자孟僖子의 아들인 맹의자孟懿子와 남궁경숙南宮敬叔이 공자의 문하에 들다. 주周나라로 가 노자老子를 만나다.	圖14 圖15
35	517	3	25	魯 齊	망명하는 昭公을 따라 제齊나라로 가다. 제나라로 가는 도중 태산泰山에서 호랑이에게 가족을 잃은 부인을 만나다. 고소자高昭子의 가신이 되어 제나라 경공을 만나 정치에 대해 토론하다 제나라의 악관인 태사太師로부터 주周나라 고대의 음악에 대해 배우다.	圖23 圖24

36	516	4	26	齊	공자의 등용을 안영晏嬰이 반대하다.	圖25
37	515	5	27	齊魯	연능계자延陵季子의 아들이 죽자 그 장례에 참석하다. 제齊나라에서 노魯나라로 돌아오다.	
38	514	6	28	魯	진晉나라의 위헌자魏獻子가 어진이를 등용했다는 소식을 듣고 칭찬하다.	
40	512	8	30	魯	세계관과 가치관이 확립되어 흔들리지 않다.(不惑)	
42	510	10	32	魯	겨울에 노魯나라 소공昭公이 건후乾侯에서 사망하자, 계손씨季孫氏가 소공의 동생인 송宋을 정공定公으로 옹립하다.	
43	509	11	定公1년	魯	『궐리지闕里志』의 기록에 의하면 이 해에 공자는 진나라로 갔다는 기록이 있지만, 다른 책에서는 이런 내용이 없다.	
45	507	13	3	魯	주邾나라의 장공莊公이 사망하고 은공隱公이 즉위하여 공자에게 예를 묻다.	
46	506	14	4	魯	노환공魯桓公의 묘에서 유좌宥坐를 보고 '중정中正'의 도에 대해 논하다.	圖35
47	505	15	5	魯	계환자季桓子가 우물을 파다가 분양墳羊이 출토되자 공자에게 무엇인지를 물어보다.	圖38
48	504	16	6	魯	양호가 계환자季桓子를 핍박하여 국정을 농락하다. 양호가 공자에게 관직을 권하였고 공자 역시 그러하겠다고 답하였지만 실제로 관직에 오르지는 않고, 시서예악詩書禮樂을 편수하고 제자들을 가르치다.	圖39
50	502	18	8	魯	세계의 흐름과 변화의 원리에 대해 체득하다(知天命). 공산불뉴公山不狃가 반란을 일으킨 후 공자를 초빙하였으나 이에 응하지 않다.	
51	501	19	9	魯	양호가 삼환三桓 세력을 제거하려고 반란을 일으켰으나 실패하다. 양호는 제나라를 거쳐 진晉나라로 도망가다. 중도재中都宰가 되어 중도中都를 다스리다.	圖40
52	500	20	10	魯	중도재로부터 소사공小司空을 거쳐 대사구大司寇에 오르다. 노魯나라의 정공定公이 제齊나라의 경공景公과 협곡에서 만났을 때 공자는 대사구의 신분으로 동석, 예禮로써 명분을 세워 제나라의 부당한 요구를 물리치다.	圖43

54	498	22	12	魯	왕권을 강화하고 삼환三桓 세력을 약화시키기 위해서 삼환의 성성城을 예법禮法에 맞게 헐어버리려 하였으나 실패하다.	圖45
55	497	23	13	魯衛	삼환의 세력을 견제하는 데 실패함으로써 정치적으로 위기에 처한 공자는 노나라를 떠나게 되었는데, 이후 14년 동안 여러 제후국을 주유하게 되었다. 먼저 위衛나라에 도착하여 융숭한 대우를 받았지만, 위영공衛靈公의 대우가 달라지자 위나라를 떠나 진陳나라로 가고자 하였으나 광匡 지역에서 곤경을 겪은 후 다시 위나라로 돌아오다.	圖47 圖49 圖51 圖53
56	496	24	14	衛	위나라로 돌아온 후 거백옥蘧伯玉의 집에 머물며, 위영공의 부인 남자南子를 만나다.	
59	493	27	哀公 2년	衛曹宋鄭陳	여름 위영공이 사망하자, 왕위 계승을 둘러싸고 위衛나라의 정세가 어지러워지다. 공자는 위衛나라를 떠나 진晉나라의 조간자趙簡子에게 의탁하려 하였으나 조간자가 두 사람의 현인을 살해하였다는 소식을 듣고 위나라로 되돌아왔다가 다시 조曹나라를 거쳐 송宋나라로 떠났다. 그러나 송나라의 사마司馬인 환퇴桓魋로부터 곤경을 당하자 다시 정鄭나라로 갔다. 그러나 정나라에서도 환영받지 못하자 결국에는 진陳나라로 갈 수밖에 없었다.	圖54 圖56
60	497	28	3	陳	듣고 보는 모든 것에 대해 시비선악과 의도를 알 수 있게 되다(耳順). 가을 노나라의 계환자季桓子가 사망하기 전 아들 계강자季康子에게 공자를 다시 불러와 등용하라고 명했으나 계강자는 공자 대신 제자 염구冉求를 불렀다.	
63	489	31	6	陳	진陳나라가 오吳나라의 공격을 받자 초楚나라가 나서 진나라를 도왔다. 이렇게 진나라가 전쟁에 휘말리자 공자는 전쟁을 피하여 채蔡나라로 가려 하였으나 부함負函에서 전쟁에 휘말려 진퇴양난의 어려움에 처하였다.	圖66
64	488	32	7	陳衛	제자들 중 상당수가 위衛나라에서 벼슬살이를 하고 있었으므로, 부함負函에서 곧바로 위나라로 돌아가다. 돌아가는 길에 접여接輿 등과 같은 은자를 만나다.	圖69
65	487	33	8	衛	3월 노나라와 오吳나라의 전쟁에서 노나라가 승리하였고, 이 전쟁에 제자인 유약有若이 참전하여 전공을 세우다.	

67	485	35	10	衛	부인 견관씨亓官氏가 사망하다.	
68	484	36	11	衛魯	봄에 제齊나라가 노魯나라를 침범하자 제자인 염유冉有가 계손씨의 좌사左師가 되어 제나라와의 전투에서 승리하였다. 계강자가 그 승리의 비결을 묻자 염유는 모두 공자에게 배운 것이라 답하였다. 그러자 계강자는 공자를 노나라로 초빙하였다. 이렇게 하여 제후국을 주유한 지 14년 만에 공자는 노나라로 돌아왔다. 계강자가 전부田賦를 시행하기 전 공자에게 자문을 구했으나 답하지 않다. 이후 관직에 나가지 않고 고문헌의 정리와 교육에만 전념하다.	圖88
69	483	37	12	魯	노나라 소공昭公의 부인 맹자孟子가 사망하자 조문하였다. 노나라 태사太師(樂官)와 음악에 대해 논하다.	
70	482	38	13	魯	마음이 움직이는 데로 행동하여도 예에 벗어나지 않게 되다(從心所欲不踰矩). 아들 공리孔鯉가 사망하다. (일설에는 그가 공자 나이 68세에 죽었다고도 한다.)	
71	481	39	14	魯	곡부 서쪽의 대야大野에서 기린이 잡히다. 공자가 춘추春秋를 완성하다. 제자 안회顔回가 사망하다. 6월 제齊나라에서 전성자田成子가 간공簡公을 시해하자, 공자는 애공哀公과 삼환三桓에게 전성자를 토벌하여 군신간의 의義를 바로 세울 것을 주장하였지만 받아들여지지 않다. 제나라의 정변 중에 재아宰我가 사망하다.	圖95 圖97
72	480	40	15	魯	겨울 위衛나라에 정변이 일어나고 그 과정에서 자로子路가 사망하다.	
73	479	41	16	魯	주력周曆 4월 11일(夏曆 2월 11일) 병석에 누운 지 7일 만에 공자가 세상을 떠나다. 노성魯城(현재의 曲阜) 북쪽 사수泗水 언덕에 안장되었다.	圖99

성리총서

양명학 — 왕양명에서 웅십력까지 楊國榮 지음 · 정인재 감수 · 김형찬, 박경환, 김영민 옮김 · 414쪽 · 값 9,000원 · 『王學通論』
상산학과 양명학 김길락 지음 · 391쪽 · 값 9,000원
동아시아의 양명학 최재목 지음 · 240쪽 · 값 6,800원
범주로 보는 주자학 오하마 아키라 지음 · 이형성 옮김 · 546쪽 · 값 17,000원 · 『朱子の哲學』
송명성리학 陳來 지음 · 안재호 옮김 · 590쪽 · 값 17,000원 · 『宋明理學』
주희의 철학 陳來 지음 · 이종란 외 옮김 · 값 22,000원 · 『朱熹哲學研究』
양명 철학 陳來 지음 · 전병욱 옮김 · 값 30,000원 · 『有無之境 — 王陽明哲學的精神』

예술철학총서

중국철학과 예술정신 조민환 지음 · 464쪽 · 값 17,000원
풍류정신으로 보는 중국문학사 최병규 지음 · 400쪽 · 값 15,000원

동양문화산책

공자와 노자, 그들은 물에서 무엇을 보았는가 사라 알란 지음 · 오만종 옮김 · 248쪽 · 값 8,000원
주역산책 朱伯崑 외 지음 · 김학권 옮김 · 260쪽 · 값 7,800원 · 『易學漫步』
죽음 앞에서 곡한 공자와 노래한 장자 何顯明 지음 · 현채련, 리길산 옮김 · 290쪽 · 값 9,000원 · 『死亡心態』
공자의 이름으로 죽은 여인들 田汝康 지음 · 이재정 옮김 · 248쪽 · 값 7,500원
동양을 위하여, 동양을 넘어서 홍원식 외 지음 · 264쪽 · 값 8,000원
서원, 한국사상의 숨결을 찾아서 안동대학교 안동문화연구소 지음 · 344쪽 · 값 10,000원
중국의 지성 5人이 뽑은 고전 200 王燕均, 王一平 지음 · 408쪽 · 값 11,000원
안동 금계 마을 — 천년불패의 땅 안동대학교 안동문화연구소 지음 · 272쪽 · 값 8,500원
녹차문화 홍차문화 츠노야마 사가에 지음 · 서은미 옮김 · 232쪽 · 값 7,000원
안동 풍수 기행, 와혈의 땅과 인물 이완규 지음 · 256쪽 · 값 7,500원
안동 풍수 기행, 돌혈의 땅과 인물 이완규 지음 · 328쪽 · 값 9,500원
茶聖 초의선사와 대둔사의 다맥 임혜봉 지음 · 240쪽 · 값 7,000원
영양 주실마을 안동대학교 안동문화연구소 지음 · 332쪽 · 값 9,800원
거북의 비밀, 중국인의 우주와 신화 사라 알란 지음 · 오만종 옮김 · 296쪽 · 값 9,000원
문학과 철학으로 떠나는 중국 문화 기행 양회석 지음 · 256쪽 · 값 8,000원

동양사회사상총서

주역사회학 김재범 지음 · 296쪽 · 값 10,000원
유교사회학 이영찬 지음 · 488쪽 · 값 17,000원
깨달음의 사회학 홍승표 지음 · 240쪽 · 값 8,500원

예문동양사상연구원총서

한국의 사상가 10人 — 원효 예문동양사상연구원/고영섭 편저 · 572쪽 · 값 23,000원
한국의 사상가 10人 — 의천 예문동양사상연구원/이병욱 편저 · 464쪽 · 값 20,000원
한국의 사상가 10人 — 지눌 예문동양사상연구원/이덕진 편저 · 644쪽 · 값 26,000원
한국의 사상가 10人 — 퇴계 이황 예문동양사상연구원/윤사순 편저 · 464쪽 · 값 20,000원
한국의 사상가 10人 — 남명 조식 예문동양사상연구원/오이환 편저 · 576쪽 · 값 23,000원
한국의 사상가 10人 — 율곡 이이 예문동양사상연구원/황의동 편저 · 600쪽 · 값 25,000원

민연총서 — 한국사상

자료와 해설, 한국의 철학사상 고려대 민족문화연구원 한국사상연구소 편 · 880쪽 · 값 34,000원